戦艦「大和」反転の真相

海軍士官一〇四歳が語る戦争

深井俊之助

宝島社新書

ブックデザイン　小口翔平＋喜來詩織（tobufune）
本文ＤＴＰ　茂呂田剛（有限会社エムアンドケイ）
絵　吉原幹也
図作成　株式会社アズワン／山本秀一・山本深雪（G-clef）
写真協力　呉市海事歴史科学館（大和ミュージアム）／ＵＳＮ
写真着彩　澤田俊晴
撮影　沼田理（東京03制作）
編集協力　松田孝宏（オールマイティー）、井出倫
編集　薗部真一／岡村和哉／松田孝宏

協力　深井由美子

本書は、２０１６年４月に小社より刊行した『私はその場に居た戦艦「大和」副砲長が語る真実　海軍士官一〇二歳の生涯』を改訂・改題し、新書化したものです。

私はその場に居た

「南へ行くんじゃないのか！」

昭和19年10月25日、第一遊撃部隊（栗田《くりた》艦隊）旗艦である戦艦「大和《やまと》」艦橋は沈黙と怒号、相反するものが支配していた。

つい数時間前、不意に会敵《かいてき》した米機動部隊との戦闘を打ち切って進撃を再開していた栗田艦隊は、目標であるフィリピン・レイテ島のレイテ湾を目前にしながら反転、北に向かい始めたのだ。

レイテは南にあるはずなのに、だ。

10月17日にレイテ湾に現れた米軍は、太平洋戦争緒戦で日本軍が手中にしたフィリピン奪還を目的としていた。南方から運ばれる戦争に必要な資源が集まるフィリピン一帯を明け渡すことは、日本にとって事実上の敗北を意味する。そのために連合艦隊は戦艦「大和」「武蔵《むさし》」はもちろん、残っていた空母も含め、持てる兵力のすべてを投入、たとえ全滅してもレイテの米軍を叩き、敵に大きな一撃を加える起死回生を狙った作戦だった。

戦艦「大和」副砲長である深井俊之助《ふかいとしのすけ》少佐、つまり本書の著者である私もまた、家族に行き先も告げず、戦友たちと最後になるかもしれない集合写真を撮ってこの戦いに臨んでいた。道中の海戦では、私が指揮する副砲は主砲や僚艦とともに小型の護衛空母や巡洋艦（戦後、駆逐艦と知った）を撃沈。訓練の成果を実感していた。

まさに今がレイテ突入の好機にほかならない。

そう信じていた私は、この反転を〝陣形を整えるための一時的なもの〟と考えていた。しかし、いつまで経っても「大和」は北へ北へと進んでいる。

不審に思った私は、様子を見るべく戦闘配置である副砲指揮所を離れ、艦隊首脳部たちのいる艦橋へとラッタルをかけ下りた。

そこに飛びこんできた光景はいまだに目に焼きついている——艦隊全体を指揮する第二艦隊司令長官・栗田健男《くりたたけお》中将は、艦首方向の右側に座り、黙ったまま前を見つめている。私たち乗員の尊敬を集める森下信衛《もりしたのぶえ》艦長は左側に座り、憤懣《ふんまん》やるかたないがどうにもならないといった表情だ。その前に座るのは、巨大戦艦「大和」「長門《ながと》」、そしてすでに沈んだ「武蔵」から成る第一戦隊の司令官・宇垣纏《うがきまとめ》中将。宇垣司令官は、時おりあたりをはばかることなく

「南へ行くんじゃないのか！」

と吠えている。独り言のようでいて、そう広くない「大和」艦橋にいる誰もが聞きとれる大音声《だいおんじょう》だ。南とはレイテの方向である。「大和」は目的地を眼前に見ながら、まったく別の方向に進んでいるのだ。

「南へ行くんじゃないのか！」

またも宇垣司令官の怒号が艦橋に響くが、誰も言葉を発しない。この異様な雰囲気はなんだ――。いやな予感で、防暑服が肌にはりつく。

若い士官から「レイテ突入は中止」と耳打ちされた私は、怒りとあきれとで唖然《あぜん》となった。ここに至るまで、「大和」の姉妹艦「武蔵」や旗艦「愛宕《あたご》」ほか20隻近くの艦艇を失った。私たちの艦隊が突入できるよう、敵航空部隊をひきつける囮作戦もとても大きな犠牲を出しながら成功している。これほどの犠牲をふいにするというのか。

この時、私の頭からは相手の階級が自分より上であること、そんな相手に強い態度をとれば軍法会議で処罰される可能性もあること、そうした考えは消え去っていた。

「おかしいじゃないですか！　なぜ北に行くんですか⁉」

レイテ沖海戦の、ひいては戦争全体の命運を思い、私はただただ怒りに震えていた。私の後ろには、同じく怒りを目にたたえた2人の若手士官も立つ。

栗田長官の後ろに位置しながら、宇垣司令官の独り言に気まずくなったのか固まって立つ参謀たち。私は怒りにうち震えながら、参謀たちのなかでも偉丈夫《いじょうふ》の大谷藤之助《おおたにとうのすけ》作戦参謀に詰めよった。

「お前たち若い者は引っこんでおれ」

大谷作戦参謀は、一通の電文を取りだし、鉛筆で叩きながら示した。

「これだ！　この敵を叩きにいくんだ！」

そこには、こう記されていた。

――「敵　大部隊見ゆ　ヤキ1カ　〇九四五」

あの日、私が戦艦「大和」艦内で見たものこそが、日本海軍の失敗の本質であり、現代も日本の官僚機構に蔓延する問題を引き起こしているものでもある。

私や私の側にいた若手士官、声を荒げた宇垣司令官はもちろん、栗田長官や大谷作戦参謀ですら、気づいていたのではないか。我々は今、間違った選択をしていると。ではなぜ、この決定に関与した人々、この命令に従った人々はそのような行動をとったのか。

あの時、日本海軍は、力のある人間が、必要な力を出せない組織になっていた。そして、日本海軍で起きていたことは、今も、新聞などで取りざたされる中央官庁や政治家たちの不祥事における問題に、そのまま受け継がれている。

私はその場に居た――3

第1章 海軍軍人への道――11

少年時代／兵学校受験で腕試し・伊藤整一中佐との出会い／海軍兵学校へ／御召艦「比叡」／二・二六事件と桜花神雷部隊／支那事変／猛訓練

第2章 航空時代の到来と駆逐艦「初雪」の激闘――55

戦機迫る／マレー沖海戦／エンドウ沖海戦で英艦を撃沈／ジャワ上陸作戦で魚雷誤射？／連戦連勝の終わり

第3章 ソロモン諸島の攻防――85

命令違反の代償／「初雪」、ソロモンの戦いへ／ネズミ輸送中にレーダー射撃を受ける／「初雪」から「金剛」へ

第4章 「大和」乗艦ヲ命ズ――111
世界最大の巨艦に乗艦／日本海軍式砲術／絶対国防圏に迫る米軍

第5章 運命のレイテ沖海戦――131
台湾沖航空戦の幻／捷一号作戦、発動／突入部隊、ブルネイを出撃／旗艦を「大和」に変更／シブヤン海に米軍機来襲／囮作戦成功／水平線上マスト7本見ゆ

第6章 栗田艦隊、反転す――193
反転命令下る／謎に包まれた電文と反転の真相／「大和」を降りる

第7章 終戦――229
空母「鳳翔」から第三航空艦隊参謀へ／大戦末期と終戦／戦後を生きて

おわりにかえて――未来の日本へ――250

第1章

海軍軍人への道

少年時代

私は大正3年（1914年）3月25日に生まれた。2018年5月現在104歳である。

当時、父は海軍技術士官として、呉海軍工廠に勤務していたので私が生まれたのは呉の海軍士官用の官舎である。後日この生家を見にいったことがあるが、官舎は呉工廠のすぐ裏の小高い丘の中腹にあり、工廠のなかが丸見えだった。眼下にはドックが3本あり、その一番左のドックが飛びぬけて大きく全体が竹の簾《すだれ》で覆ってあるので、なかはほとんど何も見えなかったが、これが戦艦「大和《やまと》」だなと想像はできた。のちにこの「大和」に乗艦して戦争をすることになるとは夢にも思わなかった。

その後、父が研修のため欧州方面に外遊することとなり、私は母と兄とともに仙台にあった母の実家に預けられた。

7歳になった春、仙台の木町通り小学校に入校したが、秋になって父が外遊から帰国

かつて、呉海軍工廠で戦艦「大和」が造られたドックがあった場所（屋根のある建物）を裏手の丘の上から見る。現在もジャパンマリンユナイテッド株式会社の工場として、造船事業に用いられている。深井氏は生家からこの景色を眺めていた。

し東京に勤務することとなったので、ひさしぶりに一家揃って東京で暮らすことになる。住居は四谷区左門町に定まり、私は四谷第二尋常小学校に転校した。

9歳になった年の大正12年9月1日、関東大震災があった。学校で始業式を終え、昼頃に家の前まで帰ってきた時に大地震が起こる。家のほうを見ると、2階が右へ左へと首を振ったように見えたが、続いてガラガラと瓦が落ちて土煙があたりを包んで家が見えなくなった。

次に石造りの大きな門柱が2本とも私の右と左に勢いよく倒れ、前の電柱の高いところからは、大きな黒い箱（変圧器）が2つドーンと落ちてきた。切れた電線からあちらこちらで大きな火花がたくさん飛び散り、とても恐かった。母と兄とお手伝いさんが家から飛びだしてきて、危ないから広いところに逃げようと言って、みなで電車道（路線電車）に出て走った。信濃町の駅付近まで来て少し安心できて、歩くようになった。

信濃町の駅前には慶応大学病院があり、その横の崖下を省線電車（現在のＪＲ中央線）が通っていたが、そこの跨線橋《こせんきょう》を渡るとその向こうは広い広い野原で、右のほうには黒々とした明治神宮の森が見え、前のほうのとても遠いところに、渋谷行きの電車（路面電車）が一台止まっているのが小さく見えていた。この広場は陸軍の兵隊さんの練兵場になっていたが、私たちのかっこうの遊び場所でもあった。

大きな木の下でみな集まって休んだ。思い出したようにグラグラと余震が続いている。しばらくして父が役所から駆けつけてきて、とりあえず安全になるまでここで野宿することになった。

上野・浅草から築地・品川の東京下町方面では、無数の火災が起こり、どんどん燃え広がって大火災になった。この火事の勢いは非常に強く、この様子では山の手の住宅街まで燃え広がり東京は丸焼けになるかもしれないという風評が広まって、みな不安にかられていた。夜になると空一面が真っ赤になり、こちらに向ってドンドン燃えてくるような気がしてとても恐かった。

この火災は三日三晩続いた。火災が終わって10日ほど経った時、父に連れられて焼け跡を見にいった。数寄屋橋《すきやばし》に来ると、川には逃げ遅れた人の遺体がたくさん浮いていた。そして前方は家らしいものがひとつもない広い焼け野原が、どこまでもどこまでも続いていた。唯一、銀座4丁目角の服部時計店（現在の和光）だけが焼けも壊れもしないで残っていたのが、とても印象的だった。

後年、戦争末期の昭和20年3月、アメリカ軍による東京大空襲のあと第三航空艦隊の参謀だった私は、公用で上京し再び数寄屋橋の上に立った。そしてゾッとした。そこには関東大震災で焼け果てた東京の姿を再現したかと思われるほど同じような、どこまでも続く焼野原と無惨に打ちひしがれた家々があった。当時、厳しい戦務に日夜没頭していた私は、その時に激しい戦争の裏側を否応なしに見せつけられたのである。

震災を契機に、密集した住宅街を嫌って郊外へと移住する人が急増した。私たちも吉祥寺に土地を買い新しい家を建てて移住することになった。

大正14年秋、新しい家ができあがり吉祥寺に住むことになった。住所は、東京府北多摩郡武蔵野町吉祥寺であった。

吉祥寺は、新宿から山梨に行く中央線が都心への唯一の交通機関で、当時は新宿から立川まで電車が通っており、15分間隔で運転されていた。駅前の通りには100メートルほど商店が並んでいたが、その向こうは一面畑で、そのなかに十数件新しい家が建っていたが、そのなかの一軒が我が家であった。

昭和20年3月の空襲で焼け野原となった東京銀座。深井氏が関東大震災の際に見た惨状と同様に、服部時計店（左）のみが焼け残っている。

兵学校受験で腕試し・伊藤整一中佐との出会い

時代も大正から昭和へと変わり、私も小学校から中学校へと進学した。中学は東京府立第四中学校（府立四中・現在の東京都立戸山高校）である。

当時の学校制度は小学校が6年（義務教育）、中学校が5年、高等学校が3年、そして大学、あるいは専門学校へと進むこととなっており、中学校だけは4年修了時に上級学校を受験して合格すれば5年を飛びこして上級学校に進む飛び級制が認められていた。

進学コースもいろいろとあったが、この頃は一高（第一高等学校）から帝大（帝国大学）へと進学するのが最高の出世コースとされていたので、中学校を卒業してただちに実業につく就職組をのぞく、ほとんどの学生はみな一高の試験合格を目標に勉学に励んでいた。

四中4年の夏、海軍兵学校の試験要領が公報にでた。採用人員は130名、試験課目は中学校卒業程度の全課目、受験資格は中学を卒業した者と一浪・二浪の受験生、試験日時は11月下旬と書いてあった。

学校で進路指導の先生に聞いてみたら
「海軍兵学校は全国の中学校から優秀な生徒が挑戦するので志願者数も非常に多く、試験も厳しく難関中の難関だ。四中からは一昨年1名、昨年も1名ほど合格者がいる。昨年の志願者は9000名前後だったと思う」

という話だった。

私は進学目標は一高、4年で失敗したら5年で再度挑戦しようと決めていたが、そんなに難しい兵学校の試験が11月にあるのなら、一高の入試の約4カ月前で「腕試し」には最適だと考えた。同級生に「腕試し」に受けてみないかと誘ってみたら「俺も俺も」と賛成者は続出する。そして実際に願書を提出したのは、私を含めて5人であった。


兵学校の試験は予定どおり11月下旬に行われた。東京地区の試験場は、築地にあった海軍経理学校（今の築地魚河岸付近）で、試験は連続4日間続いた。

第1日目に集まった受験生は7、800名かあるいは1000名くらいいたかもしれない。ずいぶん多いものだなあと思った。

1日目の試験も無事に終了し、2日目の定刻に試験場に行ってみると、試験場の壁に受験生の受験番号と氏名が上下二段にわけて黒々と筆書きで書き並べられてあり、その紙が延々と続いて貼ってあった。そしておそらく半数以上と思われる人の名前が太い赤線で消されていた。係官の説明によると赤線で氏名の消された人は、第1日目の試験で不合格者と決定された者で「2日目以降の受験の資格はない、このまま帰ってよろしい」ということであった。

この試験のやり方は4日目まで続き、4日目に残ったのは4、50名くらいだった。私どもの仲間は幸運にもひとりをのぞいた4名が4日目も残っていた。

4日目は午前筆記試験があり午後は口頭試問が行われた。口頭試問の問題を予想したり、模範解答を話しあったりしながら順番を待った。私どもの仲間で最初に呼び出されたのは私であった。

試問室に入ると大きな机があり、向かう側に海軍士官が5名座っておられ、中央の方が試問官で名札には「伊藤《いとう》中佐」と書かれている。

質問は私どもの想像とはまったく違って

「どんなスポーツが好きか」

深井氏が深い敬愛を寄せた、伊藤整一《いとうせいいち》大将（戦死後）。戦艦「大和」の沖縄への特攻を指揮した。この無謀な出撃を命じられると、乗艦したばかりの少尉候補生たちを退艦させて出撃している。

「兄弟は何人か、よく喧嘩《けんか》するか」

など、家庭生活を中心にやさしいものばかりだった。

私はホッとして応答していたが最後に進学の目標を聞かれた際、

「一高です」

と思わず答えてしまった。

すぐに
「しまった」

と気がついたが、もう取り返しがつかない。伊藤中佐はニコニコしながら質問は終わったとおっしゃり、私は退室した。帰宅の途中、みなにこのことを話したら
「お前は馬鹿だなあ」

とひどく罵られたが、私はこの失敗の悔しさよりも、わずか数分の面接であったが伊藤中佐から受けた感銘のほうがはるかに大きかったように思えた。

　後日、兵学校に入校した際に、伊藤中佐は生徒隊監事として我々兵学校全生徒500余名の教育指導にあたる主席の地位にある方だと知った。

後年となるが、戦争の末期、大本営は海軍の残存艦艇を集めて沖縄への水上特攻作戦を計画した。この作戦の成功の見こみはまったくなく、多くの将兵を犠牲にするだけの無謀な作戦として海軍部内の現場最高指揮官から、我ら若年士官にいたるまで賛成する者はほとんどいなかった。にもかかわらず計画は進められ、そして断行されることが定まった。

「一億総特攻の魁《さきがけ》となれ」

という厳しい命令を甘受して、戦艦「大和」以下わずか10隻の沖縄水上特攻隊（第二艦隊）を率い将旗を戦艦「大和」のマストに高々と掲げ、敢然として出撃し、沖縄とほど遠い徳之島沖でアメリカ大航空部隊との激戦の末、あえなくも戦艦「大和」とともに静かに海のなかへと消えてゆかれた名将がいた。

その方こそ私が兵学校入試以来敬愛を禁じえなかったかつての伊藤中佐、つまり、沖縄水上特攻艦隊の司令長官・伊藤整一《いとうせいいち》閣下その人であった。

兵学校の入試は終わったが正月が過ぎてもなんの音沙汰もない。私は目前に迫った一高の受験準備を進めていたが、忘れもしない2月11日紀元節の日（現在の建国記念日）、海軍省から1通の電報がきた。それには「海軍兵学校生徒採用予定者を命ず」と書いてあった。採用予定者という語句が気になって、「これは補欠で合格したことかな」と思い、父に聞いてみたところ、

「それは海軍流で、入学式に出て『海軍兵学校生徒を命ず』という正式の辞令をもらうまでは、採用予定者と呼ばれるのだ」

ということだった。私は合格したんだと思うと、なぜかしらホッとした。

私の進学目標は一高だったはずだ。だが、海軍兵学校は腕試しだと思っていたが合格してみると、この未知の世界に行ってみたい気もする。私は非常に迷った。2、3日考えても方針は定まらない。朝から晩まで考え続けていたが、ふと2、3カ月前に一家団らんのなかでの父の台詞が浮かんだ。

「家には男兄弟が4人もいる。このなかでひとりくらいは俺の跡取りになってもいいのじゃないか」

この言葉を思い出し、

「そうだ俺は次男だ、家を継がなくてもいいんだ。俺が海軍に行こう」

と決心がついた。

こうして私は兵学校に行くことを定めた。

3人の友人に連絡をとってみたら、なんと3人とも合格しており、兵学校に行くことを決めていた。

海軍兵学校へ

昭和5年4月1日、私は海軍兵学校に入校した。

第61期生である。

当日、広島県江田島の兵学校の裏門（表門は海に突きでた桟橋、表桟橋と呼ぶ）から入って、思わず足が止まった。きれいな広い道がかなり長々と続いており、その両側に今をさかりと咲き誇る桜の大木が見事な並木をつくっていた。そしてその向こうに我々が目指す赤レンガづくりの生徒館がちらりと見えている。忘れられぬ絶景である。

集合場所に行くとすでに大勢の同期生が集まっていた。

驚いたのはそのなかの半数くらいが和服姿で、下駄を履き風呂敷包みの荷物を抱えていたことだ。黒い無精ヒゲを生やした人や、ハンチングをかぶった人、そして中折《なかおれ》をかぶった老け顔の人もいた。みな体格がよくガッチリとして強そうな人ばかりで、都会育ちのヒョロヒョロとした貧弱な私たちが、この人たちと一緒にやっていけるのかしらと不安がよぎった。

集合時刻になると、世話係の4学年生徒が数名現れて点呼が始まり、整然と並ぶように指示された。点呼が終わり、広い柔道場に案内され、ここで今着ている衣服を全部脱ぎ捨てて、支給された兵学校の「生徒服に着がえろ」と命令された。

全員が生徒服に着がえて集合したら、世話係のなかのひとりの生徒が一段高い台に上って

「貴様たちは今から海軍兵学校の生徒である。娑婆《しゃば》とはお別れだ。わかったか」

と一喝された。私たちは大きな声とその迫力に圧倒された。

入学式が終わり、ひとりひとりが「海軍兵学校生徒を命ず」と正式の辞令をもらって、海軍への道の第一歩を踏みだしたのである。私はこの日、満16歳とわずか7日をす

昭和5年、第61期生による海軍兵学校入学の記念写真。最後列中央（中央扉右）に、ひときわ背の高い、学生服の深井氏が見える。

ぎたばかりの少年であった。むろん兵学校生徒中最年少である。

兵学校の生活は厳しいと聞いていたが、実際始めてみると想像以上のものであった。

1学年から3学年まで一般高等学校とまったく同じように教養課程で、毎日講堂（教室）に行って普通学（英・数・国・物理など）の授業を受ける。午前午後をとおして6時間だ。午後3時、普通学の授業が終わると、夕食までは自由時間と体育の時間になる。武道と短艇訓練は正課として曜日と時間が定まっているが、それ以外は何をやってもいい。

世界公認の規定に則った陸上競技場（トラックフィールド）、サッカー場、ラグビー場、テニスコート、相撲の土俵、弓道場までほとんどの施設は整備されている。必要な要具も完璧に備えてある。私は入学当初から自分の身体の貧弱さに悩んでいた。そこで学業よりも、まず身体づくりに専念しようと決心した。試験の前になって同級生がみな勉強している時でも、私ひとりトラックを走り、幅跳びに専念した。その甲斐があって3学年末頃には、クラスでも十指に入る見事な身体になっていた。幸いなことに成績は、上がっても下がることはなかった。

第一一分隊の集合写真。後列右から2人目の長身の人物が、深井氏。同期生である伏見宮博英《ふしみのみやひろひで》親王殿下の姿が前から2番目列の中央に見える（左右に御付武官の姿がある）。入学時の写真と比べ、心身の成長は歴然である。

兵学校の日常生活は自治をモットーとして上級生が後輩を指導訓育することになっている。厳しい規則や不文律がたくさんあったが、それらはどれも一般社会人としても修得すべき道徳や礼儀作法であり、また艦上勤務者として要求される迅速確実な身のこなしなどを体得する人間づくりのほんの一端にすぎない。

例をあげれば、兵学校では階段は必ず一段おきに駆け上がることになっていた。いい加減に上がっていくと、上に上級生が待っていてとがめられやり直しを命ぜられた。そうなると2、3回一生懸命やって、ようやく放免される。

軍艦は商船と違って多くの兵器や装置が、上甲板、中甲板、下甲板、そしてその下といったふうに、上下にわかれて装備されているので、通路は狭く階段が非常に多い。階段の上り下りを迅速にしないとイザという時に間にあわないし、ほかの部署の者たちの迷惑になる。迅速な階段の昇降は艦上生活のしつけの第一歩である。

また、海軍には「○○5分前」という号令がある。たとえば「作業始め5分前」という号令は、「作業の始めの5分前になったから時刻に遅れないように行動せよ」といったなまやさしい予告通知ではない。作業開始時刻はあらかじめ予告されているのでそれを考えて「5分前の号令のかかった時点では服装を整え必要な要具、材料を揃え、現場に行って作業開始時にはただちに開始できるような状態で待機せよ」という意味で、待機する時間の最短限度が5分であるということである。このことは非常に厳格に要求され、5分前に待機状態にないと厳しく叱責される。

この「5分前の精神」は何ごとも余裕をもってあたるという海軍特有の伝統である。海軍兵学校生徒の教育は徳育、知育、体育をバランスよく修得させ、海軍士官として内外に通じる人間づくりの素地を体得させるのが目的であった。

昭和8年11月18日に61期生徒は、兵学校を卒業して少尉候補生になることが定まっていた。しかしその1カ月前、私はいつものように友人数人とともにテニスに興じていると、突然身体に異常を感じ軍医の診察をうけた。そして軍医に、

「悪性の肋膜炎《ろくまくえん》でかなりの重症、ただちに入院せよ」

と命じられた。しばらくして分隊監事《かんじ》（直属の指導官）から卒業は延期、1年間の入院加療後、来年の11月62期生と一緒に卒業を認めると申し渡された。私はただちに帰郷して入院した。

これは分隊長が「今卒業するよりも、来年のクラスでトップで卒業したほうが出世す

る」と判断したためである。私は出世など考えていなかったものの、3年8カ月過ごした同期と卒業できず、下級生である62期生と卒業する道を選ぶことになる。

昭和9年11月17日、私は62期に編入され、兵学校を卒業して江田島に停泊中の練習艦隊の「八雲《やくも》」乗組を命ぜられた。練習艦隊は2カ月ほどの内地航海と長期に渡る遠洋航海が予定されていた。

江田島を出港した「八雲」は大連《ターレン》→上海《シャンハイ》→基隆《キールン》→マニラ→ダバオ→パラオ→サイパンと巡航して、昭和10年1月中旬横須賀に入港した。「八雲」乗組員は遠洋航海の準備に忙殺されていた。我々少尉候補生も身体検査が行われ、その結果私は再び健康状態不良、遠洋航海勤務不適合と認定され遠洋航海には参加できないこととなった。

昭和10年1月21日、「比叡《ひえい》乗組を命ず」という辞令をもらって遠洋航海への出発直前の「八雲」から、当時は練習戦艦に改装されていた「比叡」に転勤した。

ロンドン軍縮条約による廃艦を免れる代償に、大幅に性能を低下させた状態で「練習戦艦」となった「比叡」。ただし、おかげで「御召艦」として昭和天皇が親しく乗艦される栄誉に浴すことになった。

御召艦「比叡」

「比叡」は、日本が造った最初の高速巡洋戦艦で、太平洋戦争開戦時は、いくたびかの改装を経て、速力29・7ノット、基準排水量３２１５６トン、全長は２２２メートルに達していた大艦である。昭和5年のロンドン軍縮会議で日本の保有量外と定められ仕方なく後部砲塔を撤去して無力化、練習用艦船として海軍各種学校の艦上訓練用に使っていた練習艦であった。その後、軍縮条約の期限も切れ、再改装が行われ有力な高速戦艦として太平洋戦争中は各地を転戦、大活躍したが第三次ソロモン海戦でガ島湾内のサボ島沖で沈没した。

昭和10年3月、「比叡」は満州国皇帝陛下（愛新覚羅溥儀《あいしんかくらふぎ》　ラストエンペラー）の来日にあたり御召艦《おめしかん》任務を命ぜられた。

陛下の御座所《ござしょ》の整備など準備万端を整え大連に回航して、4月2日に満州国皇帝以下随員38名の大訪日団が乗艦し、横浜に向け大連を出港した。

現在も深井氏の手元にある記念のアルバムより、当時の「比叡」の写真。溥儀執政が滞在した部屋を含め、豪奢な内装に目を奪われる。艦尾のスロープ(写真左下)は、「スターン・ウォーク」といい、艦長や艦隊司令長官といった艦の重要人物が散歩をするための施設であるが、後年に撤去されている。(深井氏蔵)

4月5日、低気圧襲来のため海が非常に荒れて皇帝以下随員一同が全員船酔いに苦しまれた。艦内では保安のため「随員以上をお世話するのは士官以上」と定められていたので、士官候補生でもっとも若かった私が、お世話をすることが多かった。

溥儀皇帝が苦しんで汚物を吐かれる時に洗面器を差しだし、背中をさするのも私の役目であった。日本語は通じないが、何度も頭を下げてくださって謝意は通じたが、本当に辛そうだった。新調した御座所の豪華なテーブルクロスや絨毯の上の汚物を、タオルで後始末するのも私だった。

随員のなかには満州国の要人が多数乗艦されておいた。宮内大臣・沈瑞麟《しんずいりん》、外務大臣・謝介石《しゃかいせき》、内務大臣・袁金鎧《えんきんがい》、陸軍大臣・張海鵬《ちょうかいほう》……。特に陸軍大臣・張海鵬は10数組の馬賊集団をまとめあげて満州国の軍隊とし陸軍大臣になった馬賊の大親分である。彼らからいただいた署名が今でも私の手元にある。みな立派な字を書かれるが、張海鵬だけは馬賊出身というだけあって、ほかと違う字を書いている。

4月27日、満州国皇帝の御召艦任務は無事終了した。遠洋航海に行った同級生とは違ったかたちでの卒業航海となったが、いずれにせよ教養やマナーを教えられる時間を

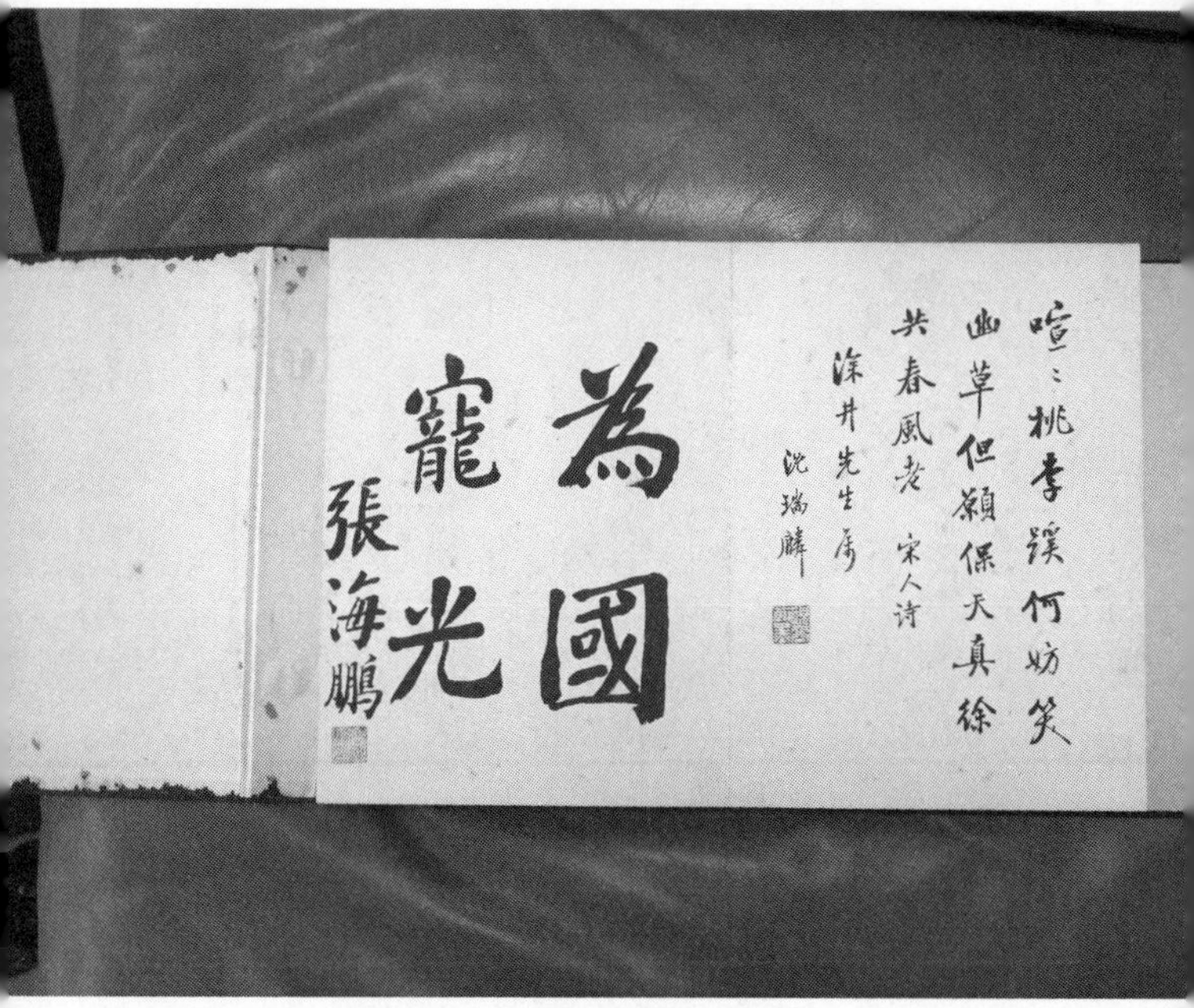

現在も深井氏の手元にある、満州国要人たちによる署名帳。たしかに張海《ちょうかい》鵬《ほう》の書からは無骨な人物像が想像される。

多く得られたのは非常に有意義な体験であった。

昭和11年9月、「比叡」は再び特別任務を命ぜられた。9月24日、昭和天皇が昭和11年度陸軍特別大演習御統裁のためにご乗艦されて、横須賀発、室蘭、小樽、函館ほか各地をご巡幸ののち、10月12日に横須賀にて退艦された。続いて10月20日に行われた、昭和11年海軍特別大演習御統裁のため、再び御召艦としてご乗艦になり、演習地に向け横須賀を出航した。

演習中台風が襲来したので演習を一時中止し、各艦バラバラに各地に避難した。御召艦「比叡」は北海道厚岸に入港。台風が通過して演習再開となり、各艦集合してみると2隻の駆逐艦が艦橋の前部から船体が2つに折れ、前部が沈没し艦橋から後部はそのまま浮いている姿が発見された。それは特型駆逐艦「初雪《はつゆき》」と同型艦の「夕霧《ゆうぎり》」だった。

特型駆逐艦というのは昭和のはじめに日本がつくった世界最強の駆逐艦で、その後、世界各国にベンチマークされるほどの革新的なものであった。その特徴は、兵装が従来型に比べて5割ほど増強されたことにある。

高速38ノット以上、太平洋の荒天にも耐えうる全天候型である。

10月29日に阪神沖大観艦式のご親閲をもって本年度の海軍特別大演習も終わった。この阪神沖で行われた観艦式が、日本海軍最後の大観艦式となった。

二・二六事件と桜花神雷部隊

昭和11年2月26日、二・二六事件が起った。

これは過激な陸軍将校たちが部下1500名を率いて起こした前代未聞の大クーデター未遂事件である。その幹部のなかに野中四郎《のなかしろう》陸軍大尉の名前がある。この方は私の海軍兵学校61期の同級生のなかでも親友、野中五郎《のなかごろう》の兄だった。

事件に際し、野中五郎は進退伺をだして海軍を辞めようとしたが、上司に説得されて海軍に残った。

野中は私よりも3歳上で、旧制府立四中（現：戸山高校）時代の先輩・後輩の間柄。中学時代から侠客のような発言や行動で有名だった。兵学校には60期で入校したが、野中らしい物言いもあって教官に睨まれたためか成績もふるわず、1年留年して61期での卒業となった。61期で入校している私とは同期だったため野中とは親しかった。とにかく注目される存在で、野中がなにか言うと、「野中がまたなにか始めたぞ」といった調子だった。

下級生を叱る時も浪花節調で、下級生たちも殴られるのを承知で、楽しんで野中節を聞いていたフシがある。思えば野中は、一風変わってはいたが性格はとても真面目で、ものすごく優しい男だった。そういえば先日、予備校で講師をしている50歳になるお孫さんが、私のところ会いに来た。おもかげがあった。

彼は航空科に進み飛行機乗りになっていたので艦上勤務の私とはなかなか会う機会がなかったが、二・二六事件後2、3年ほど経って会うことができた。2人で盃を傾けながら長々と懇談した。別れる時に野中は私にこう言った。

「深井、俺は戦争になったら一番危険な第一線に行って一番危険な任務について立派に死んでやる。そして兄貴の汚名をそそいでやる。見ていてくれ」

私は言葉が出なかった。そして彼と両手をかたくかたく握りあって別れた。

二・二六事件で戒厳令下にある帝都。五・一五事件に続く軍部による重大事件であった。海軍は軍令部・海軍省の守備のため、横須賀から陸戦隊を派遣している。深井氏も参加し、芝浦の桟橋で待機していたという。火も焚けない倉庫で凍りかけの握り飯を食べた、と回想する。

昭和20年の春、海軍は「桜花《おうか》」という名前の特殊特攻兵器を採用した。桜花というのはひとり乗りのロケット人間爆弾だ。1発当たれば航空母艦などは吹き飛んでしまうほどの絶大な威力がある。ただし、航続距離が短いので、戦場まで大型機で運んでもらわなければ役に立たないという欠点があった。野中五郎はこの桜花部隊を熱望して隊長になった。桜花部隊は入隊希望者が多く、すぐに予定の部隊はできあがった。野中は部下の隊員と一緒になってこの新兵器の使用法、操縦法や突撃法などを日夜研究、教育し、訓練を重ねて術力を体得していった。航空隊内でも「野中組」と称せられ、誰もが一目おく存在になっていた。

昭和20年3月21日、第一回桜花神雷部隊には、折から九州沖方面に来襲した米有力機動部隊に対して特攻攻撃命令がでた。

野中五郎は、その分身ともいうべき17名の部下とともに、勇躍出撃した。その後、この第1回桜花神雷部隊に関する情報は何も入らない。杳《よう》として空間に消え去っている。錯綜《さくそう》する戦場で特定の一部隊の行動、戦果を収集することは不可能なのだ。

深井氏の親友・野中五郎少佐は桜花での出撃に際し、楠木《くすのき》正成《まさしげ》の故事にならい、「湊川だよ」とのひと言を遺した。兄・四郎氏の汚名をそそぐ想いは、たしかに果たされた。

支那事変

昭和12年7月7日、盧溝橋《ろこうきょう》で日支両軍が衝突して支那事変が始まった。

私は昭和12年9月20日、水雷挺「雁《かり》」乗組を命ぜられた。「雁」は当日に竣工して引き渡しが行われたばかりの新造艇で排水量９６０トン、全長90メートル、速力30ノット、乗員１３０名の小さな船で、12センチ砲3門、25ミリ機銃11挺など砲力も強力だったので準備でき次第、揚子江を上流にのぼる遡江《そこう》作戦に参加すると決まっていた。

10月下旬、臨戦準備を整え母港横須賀を出航し、揚子江遡江作戦部隊に加わった。この時、陸軍は南京攻略作戦を実施中で、「雁」（第一一水雷隊）はその右翼を援護しながら揚子江を上流へと進んでいた。

11月中旬、陸軍南京攻略部隊の一部が福山鎮方面に敵前上陸することとなり、これの直接支援のため、白茆口《はくばくこう》方面および福山鎮方面にあった支那軍の砲台数カ所を砲撃撃破して上陸地点をつくった。

11月下旬、日本軍は完全に南京を攻略確保した。

軍服の上からコートをさっそうとはおる深井氏。写真は、昭和19年の正月、砲術学校勤務時代(大尉)に自宅前で撮影されたもの。海軍で過ごした時代は、決しておだやかではないが、まぎれもなく深井氏にとっての青春時代であった。

しばらくして南京市街地も静かになったので上陸して戦跡見学をしたことがある。南京の町は上海の半分もないような小さな地方都市で5、6メートル以上もある頑丈な石と土で造った城壁で周囲をグルッと取りまいてあり、ところどころに城外へ通じる門がある。この城壁は馬賊よけのものである。

日本軍が突入した時に支那軍はほとんどおらず、上海のような激しい市街戦などはまったくなかったと、案内の陸軍少尉が言っていた。我々が見たのは大激戦の跡も、また近年も言われている大虐殺のあったというような気配もまったくない、静かな地方の中都市であった。

猛訓練

昭和12年末、海軍中尉となって「雁」から軽巡洋艦「五十鈴《いすず》」に転勤した。「五十鈴」は、連合艦隊所属の第一艦隊、第一水雷戦隊の旗艦であった。

当時、日本海軍は仮想の敵国としてアメリカを想定しており、侵攻してくる米艦隊を

見事な隊形で進撃する駆逐艦群。夜襲時は4隻1組となる駆逐隊が四方から敵艦隊を囲み、100本以上の魚雷を放つ。深井氏の「初雪」もこのように訓練に明け暮れていたが、日米の堂々たる艦隊決戦は起きず、不意の遭遇による小規模な砲雷撃戦がほとんどであった。

太平洋上にて迎撃して、撃滅することを作戦の目的としていた。そして、その対米戦の主力が連合艦隊である。連合艦隊とは2つ以上の艦隊を統合して指揮する部隊のことで、その最高指揮官が連合艦隊司令長官である。当時の連合艦隊は第一艦隊、第二艦隊、第三艦隊で編成されていた。

第一艦隊は昼間の戦争を主とする部隊で日本海軍の誇る大口径砲をもつ戦艦戦隊（「陸奥《むつ》」、「長門」など）を中心に巡洋艦戦隊や水雷戦隊で編成されている。

第二艦隊は夜戦部隊で、新鋭の巡洋艦戦隊と水雷戦隊を中心に抜群の性能をもつ魚雷を使っての夜間包囲殲滅《せんめつ》戦がその特色である。

第三艦隊は支那方面派遣部隊である。

連合艦隊がもっとも重要視していたのは、ロンドン条約で定められた戦艦保有数が、アメリカ5に対し、日本3という比率であった。これはすなわち、アメリカの戦艦10隻に対し、日本は6隻しか持つことができないという条約である。これでは昼間砲戦しても日本軍の不利は自明であったので、対応する策として当時保有制限のなかった巡洋艦、駆逐艦の夜戦部隊を増強して夜間の魚雷戦をもって敵を壊滅する方針がとられた。

水雷戦隊の魚雷戦というのはこうだ。

水雷戦隊は、旗艦となる1隻の軽巡洋艦と4個の駆逐隊で編成される。1個駆逐隊には、4隻の駆逐艦が所属している。つまり1個水雷戦隊は、軽巡1隻と16隻の駆逐艦で編成されている。駆逐艦は一度に8本か9本の魚雷を発射することができるので、この部隊がほぼ一斉に魚雷を発射すると120～130本の魚雷が目標に向かって走ってゆく。

魚雷を発射した駆逐艦は退避して、ただちに予備魚雷を装填して2回目の攻撃準備をする。20分もあれば第2回目の発射準備は完了する。

日本の魚雷は諸外国に比べて超高性能で、魚雷の大きさは直径61センチ（米英53センチ）、速力50ノット時には射程距離2万メートル炸薬500キロ、アメリカは32ノット時で8000メートル炸薬300キロと、性能差は歴然だ。しかも、使用動力が圧縮酸素（米英は圧縮空気）なので日本の魚雷は航跡に泡を出さないから艦上から発見しがたい。それに対し、米英のものはブクブク泡をだして航跡を残すから容易に発見できる。

襲撃法も簡単だ。水雷戦隊はいつも旗艦と駆逐艦が一緒に行動することになっているので、まず敵目標を見つけたら、その後方の視界限度付近で見え隠れしながら追尾する。時期を見て旗艦は各隊に展開を命ずる。各隊はあらかじめ決められたとおりに一隊は目標の前方に、ほかの隊は目標の右側と左側、そして後方へ進出して目標を四方から包囲して突撃の時期を待つ。

むろん、これらの行動は隠密裡に、かつ迅速に行われなければならない。旗艦は日が暮れて暗くなり、敵の砲撃力が弱ってから機を見て突撃を命ずる。

突撃命令が出たら各隊は四方から一斉に突撃に入る。星明かりを頼りに全速力の34ノット、敵弾雨飛のなかを白波を蹴立てて爆進し、4、5000メートルまで肉迫して魚雷を発射する。目標は四方から魚雷が来るのでどちらを向いても回避できない。

これが水雷戦隊の魚雷戦だ。

私は昭和12年の軽巡洋艦「五十鈴」を皮切りに軽巡「阿武隈《あぶくま》」、駆逐艦「汐風《しおかぜ》」、「夕《ゆう》暮《ぐれ》」、「三日月《みかづき》」と乗り継ぎ、昭和16年8月に駆逐艦「初雪」砲術長を命ぜられた。

この間、足かけ4年間は、連合艦隊の夜戦部隊乗組員として夜間魚雷戦の猛訓練を受けた。この訓練は軍歌の文句のとおり「月月火水木金金」で、明けても暮れても毎日毎

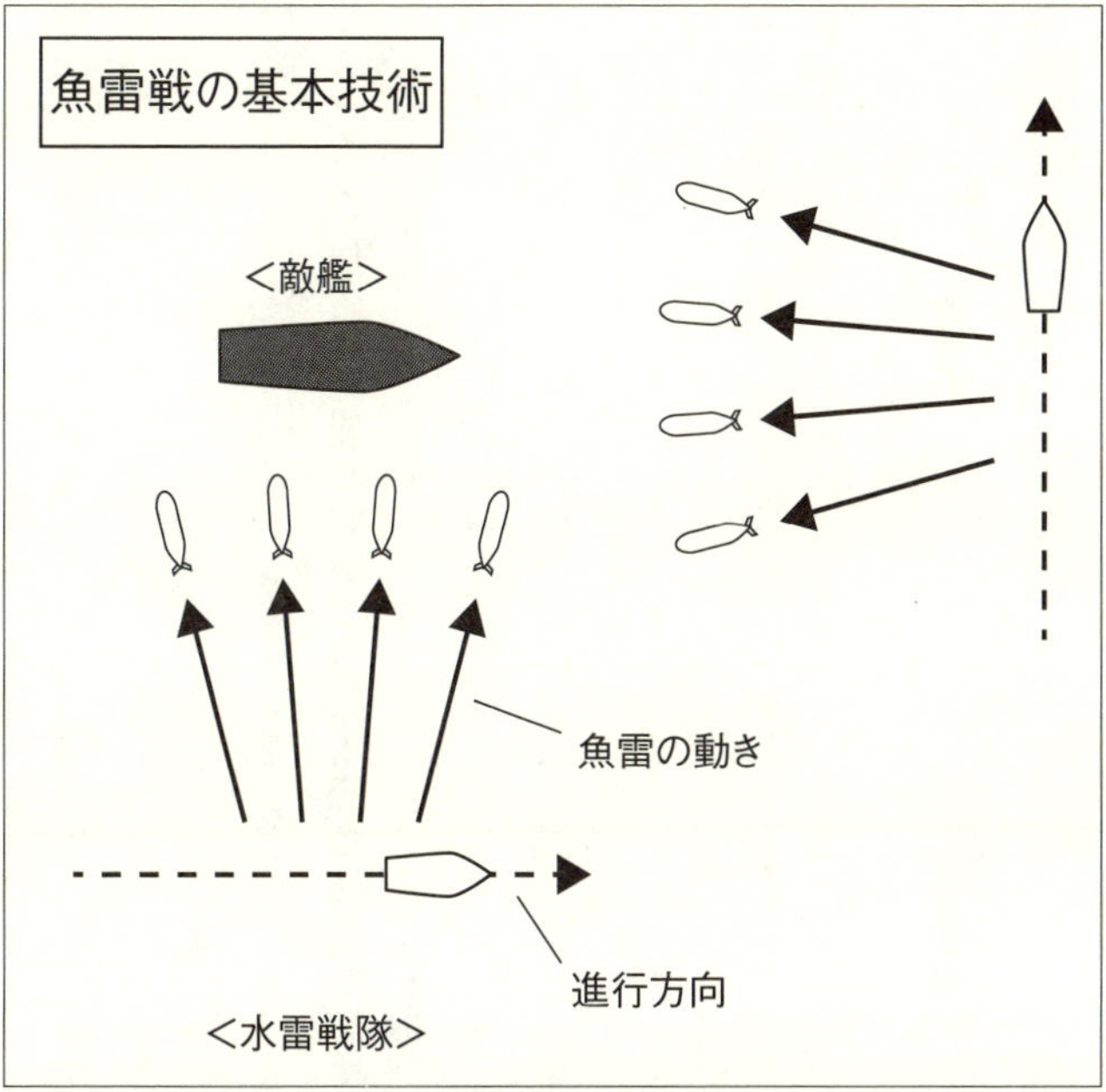

雷撃時の動きを簡略化した図。敵艦を駆逐艦で四方からはさみうちにし、
どの方向に敵艦が動いても命中するよう、魚雷を扇状に複数発射する。

日魚雷の発射法と夜間襲撃法に専念して、いつの間にか頭のなかに貼りついているようであった。

先輩から夜戦をやるには夜目《よめ》が見えるようにならなくては一人前ではないと言われていたが、私はもともと目が良くて両眼2・0の視力であった。それでも、夜は水平線がやっと見えるくらいであった。1年くらい経つと水平線の手前の漁船でも見えるようになったし、2、3年目には双眼鏡があれば映像の大きさで目標の進行方向の目測距離も観測ができるようになった。この目の訓練は後日参加したソロモン海戦、ガダルカナル鼠輸送の時、非常に役にたった。

昭和14年6月初旬頃、第二七駆逐隊は連合艦隊からの命令により特別任務として南支方面作戦に参加することとなった。この時、私は第二七駆逐隊の3番艦・駆逐艦「夕暮」の水雷長として勤務していた。

6月中旬、汕頭《スワトウ》攻略作戦があり、作戦終了後は汕頭から海南島にいたるあいだの海上交通封鎖作戦に従事した。南支海岸には鉄道はむろんのこと陸路もほとんどなく、ジャンクと呼ばれた大型の帆船による海上貿易が、唯一の交通手段であった。頻繁に往来するこのジャンクを4、5隻拿捕《だほ》したら、このなかの1隻にほかの船の乗員全部を移動させ放免し、残りのジャンクは撃沈してしまうのが我々の任務であった。

ジャンクの積荷はほとんどが石油、食料品、衣料品であったが、これを満載した船底にはほとんどの船に頭髪を刈りとられ、顔には黒い墨を塗られた12、3歳の女児が4、5人押しこめられて隠れていた。貧しい農家の娘は都会で売るための商品で、当時ひとり約10円前後が相場だと聞いた（この頃、私の給料は125円だった）。また、男児はどうするのかと聞いてみたら、通訳の人の話では男の子は育てても金にはならないからすぐに川に流してしまうのだということだった。人道上の大問題だ。ひどい話だ。

この南支封鎖作戦は14年7月末に終了して、我々は連合艦隊第一水雷戦隊に復帰し従来どおりの猛訓練に没頭した。

第2章

航空時代の到来と駆逐艦「初雪」の激闘

戦機迫る

昭和16年8月、私は駆逐艦「初雪《はつゆき》」砲術長を命ぜられた。

「初雪」といえば、私が御召艦勤務中に催行された昭和11年度海軍大演習中に台風に遭遇して2つに折れたあの艦だ。建造直後は最新型の特型駆逐艦として期待されていたが、この時期ではかなり旧式だ。この艦で戦争に行くのかと多少は気になったが、すぐに忘れてしまった。

私は先任将校だったのでその大任を果たすべく一生懸命働いた。大きな艦では艦長の下に副長がいて内務全般を司る。駆逐艦では数少ない兵科将校の先任者が「先任将校」と呼ばれて、副長代理を行うことになっている。

乗組員全員の教育、指導から艦内日常生活、健康状態など内務一般を担当する大役である。特に国際情勢が緊迫し、日米戦争も間近に迫っているのではないかと思われていたこともあり、砲戦・魚雷戦の術力向上のために全員真剣な訓練を続けていた。一方で私は、平常時にはほとんどなおざりにされていた、交戦中に被害を受けた場合の防火、防水などの応急処置に対するマニュアルづくりと訓練におおわらわであった。

「初雪」に着任して約3カ月後の昭和16年11月7日、

「第一開戦準備」

という命令が出た。

第三水雷戦隊所属の「初雪」は母港の呉に帰港してただちに臨戦準備を行った。まず不用品と燃えるものは、なんでも陸上倉庫に陸揚げする。士官用も兵員用も椅子から食卓まで木製のものは全部だ。衣料品、生活用品のほとんど全部である。残ったものは応急用に使う木の角柱10本のみである。次に真水、食料品、弾薬を積めるだけ積む。最後に燃料を満載して準備完了だ。

11月10日、

「第三水雷戦隊は準備出来次第、三亜《さんあ》に向け出航せよ」

という命令がでた。三亜というのは、南支那にある海南島の南の端にある港である。海南島は現在はレジャーランドとして発展しているが、当時は島の北端で大陸との間の海峡に面したところに海口《かいこう》という小さな町があり、そのほかは島の海岸沿いに点々と小さな集落があるくらいでほとんど住民のいない島であった。しかし、三亜には日本水産株式会社の大きな冷蔵庫の倉庫があった。この地域でとれたエビ、鯛などはほとんど冷凍処理して内地に送っていた場所である。作戦の具体的内容はわからぬが、我々の任務は南東方面作戦だなと察せられた。

11月19日、準構万端完了して三亜に向けて呉を出航した。

これが戦争の始まりだ。

娑婆とは当分縁がないなと思った。航海中、台湾沖あたりで飛行機が作戦命令などの書類を届けてくれた。我々はマレー方面攻略部隊で、開戦日にマレー半島東岸のコタバル付近に陸軍部隊の敵前上陸を援護支援するのが、最初の作戦だった。

11月21日、三亜に到着した。港内には陸兵を満載した商船8隻と援護部隊の重巡や駆逐艦の一部が待機しており、一両日中には援護部隊の全艦が勢ぞろいして出撃準備を完了した。

「『初雪』のことはいつも想っている」と、深井氏が現在も変わらぬ愛着を抱く駆逐艦「初雪」。開戦からカダルカナル島の戦い、クラ湾夜戦にコロンバンガラ島沖海戦と戦い抜き、惜しくも昭和18年7月に沈んだ。(資料提供:呉市海事歴史科学館 大和ミュージアム)

そして12月2日、

「新高山《ニイタカヤマ》登レ、一二〇八」

という暗号電報が連合艦隊の全将兵に出された。これは「12月8日に全軍攻撃を開始せよ」という意味の暗号文である。我々マレー半島攻略部隊は12月4日に三亜を出港して、マレー半島コタバル・シンゴラ地区へと向かったのである。

マレー沖海戦

昭和16年12月8日に対英米戦は布告され、戦争は始まった。

我が連合艦隊は、二手にわかれて一隊はハワイ空襲部隊、そしてもう一隊は南遣艦隊《なんけんかんたい》として、南東方面の英米蘭の各植民地を占領するのが目的であった。

私が所属する南遣艦隊は、マレー半島攻略部隊と、フィリピンおよびその南方にある油田地帯の攻略部隊にわかれ、我々第一一駆逐隊はマレー半島攻略部隊に所属した。8隻の陸兵を満載した輸送船団の敵前上陸を支援して海上を警備するのが任務であった。兵力は重巡2隻と駆逐艦8隻の小部隊である。

12月8日の明け方には、予定どおり陸軍はマレー半島東岸のコタバル・シンゴラ地区に、敵前上陸を敢行した。

コタバル方面に上陸した部隊は、英軍から多少の抵抗を受けたものの、これを一蹴して上陸地点を確保。シンゴラ方面部隊と合流して陣容を整えてマレー半島、そしてシンガポール攻略を目指して南下することになっていた。我々、海上部隊は、陸軍と連絡をとりながらマレー半島東岸の警備を行う予定であった。

一方、開戦前の英国においては

「日米開戦は必至であり、日本は必ず南方の油田地帯の占領確保を企図するであろう。そのためにはどうしてもマレー半島の攻略が必要である」

と予見されていた。英国としてはマレー半島は絶対に日本には渡さないという方針で、陸上兵力および英東洋艦隊の大増強を、鋭意準備中であった。しかし、欧州戦線の状況が思わしくなく、11月末日までにわずかに戦艦2隻と駆逐艦4隻が増強されたに止まり、陸上兵力などはまったく増強できない状況にあった。

開戦の翌日12月9日午後、シンガポール港外を哨戒中の潜水艦「伊六五」より
「敵主力見ゆ、レパルス型2隻針路北一七三〇」

という緊急電報が入電した。

これは英国が誇る最新鋭戦艦「プリンス・オブ・ウェールズ」と巡洋戦艦「レパルス」の2隻である。我々、マレー攻略部隊は陸軍の上陸部隊の護送と敵前上陸の支援が任務であったので、兵力はわずかであり、フィリピン方面に分派されていた南遣艦隊全艦艇を結集しても重巡5隻、駆逐艦16隻、潜水艦数隻などで、昼間堂々と英戦艦戦隊と決戦を行う能力は、まったくない状態であった。

南遣艦隊司令長官・小澤治三郎《おざわじさぶろう》中将はただちに昼戦を避けて夜戦に持ちこみ我が海軍のもっとも得意とする伝統の水雷戦隊による夜間襲撃をもってこの強敵を葬り去る作戦を決定。

各地区に分散して警備についていた各隊にただちに集合を命じ、引き続き夜戦の襲撃要領を発令した。我々第一一駆逐隊は、敵主力の右前方45度地点に占位し、命により突撃に転ずるとされていた。

ところが当日は波が高く、またスコールが頻繁に来襲する悪天候であったので、敵を

日本の陸上攻撃機隊の攻撃を受ける2隻の英戦艦。僚艦「レパルス」(上)とともにシンガポールにあらわれたイギリス新鋭戦艦「プリンス・オブ・ウェールズ」(下)。東洋艦隊の要として、チャーチル首相が絶大な信頼を寄せたが、新時代の戦闘となる航空攻撃で開戦間もなく沈んだ。

視界限度スレスレに捉えながら隠密裏に指定の位置を占位するのは、非常に困難な状態にあった。ほかの駆逐隊においても状況はまったく同じであり、敵を見失う部隊も多く、夜明けの1時間前になっても駆逐隊による敵目標の包囲網を構築する目途《めど》も立たない状況にあった。この状況をみて小澤長官は水雷戦隊による攻撃を断念する。サイゴンに待機中の第一航空部隊に攻撃を一任したのである。

第一航空部隊というのは陸軍の敵前上陸の支援のため、サイゴン方面に進出待機中の海軍の陸上攻撃機の部隊で、支那戦線においてもたびたび重慶方面への長距離爆撃を実施して、大戦果をあげた長距離爆撃を得意とする部隊でありその作戦行動範囲は、約1000キロメートルであった。一方、英米空軍は、欧州戦線でドイツ軍と激烈な航空戦を展開した経験はあったが作戦行動範囲は、350キロメートルほど。日本の航空攻撃もその程度と思っていたので、マレー半島東岸ならば航空攻撃を受けることはありえない、と判断して両戦艦に航空機の援護もつけずに、日本の揚陸地点に殴りこみをかけようとしていたのである。

九六式陸上攻撃機（写真）と一式陸上攻撃機からなる日本海軍航空隊は、イギリスの誇る2大戦艦を攻撃。全速力で行動し、応戦もする戦艦を史上初めて撃沈する快挙を成し遂げた。しかし、この報に砲術の道を歩んできた深井氏は、心中穏やかならざる気分であったという。

第一航空部隊は10日早朝6時30分、9機の偵察機を発進させてマレー半島シャム湾全域にわたる扇状の索敵を命じ、また各攻撃隊に対して即時待機を命じた。攻撃隊の編制は中国への渡洋爆撃で定評のある九六式陸攻と新鋭・一式陸攻、合計84機の堂々たるものであった。

攻撃準備が完了したのは午前8時30分で、この時いまだ敵状は不明であったが、ただちにシャム湾に向け発進が命じられた。

11時45分、帆足正音《ほあしまさね》少尉搭乗の索敵機より

「敵主力見ゆ、北緯4度東経104度、進路60度、一一四五」

と待望の一報があり、その後は刻々と正確な敵状報告が打電されてきた。攻撃隊は即座に目標に向かい、午後1時30分頃に敵を発見し、ただちに攻撃を開始、わずか1時間あまりで両艦を撃沈してしまったのである。

これに対し、我々は今夜こそ毎年毎年連合艦隊で猛訓練をつんできた水雷戦隊の夜襲包囲殲滅《せんめつ》戦で、この両艦を撃沈するぞとよろこび勇んで待機していたのに、トンビに油揚げをさらわれたかたちになって呆然とした。航空機に先陣を越されて悔しかった。

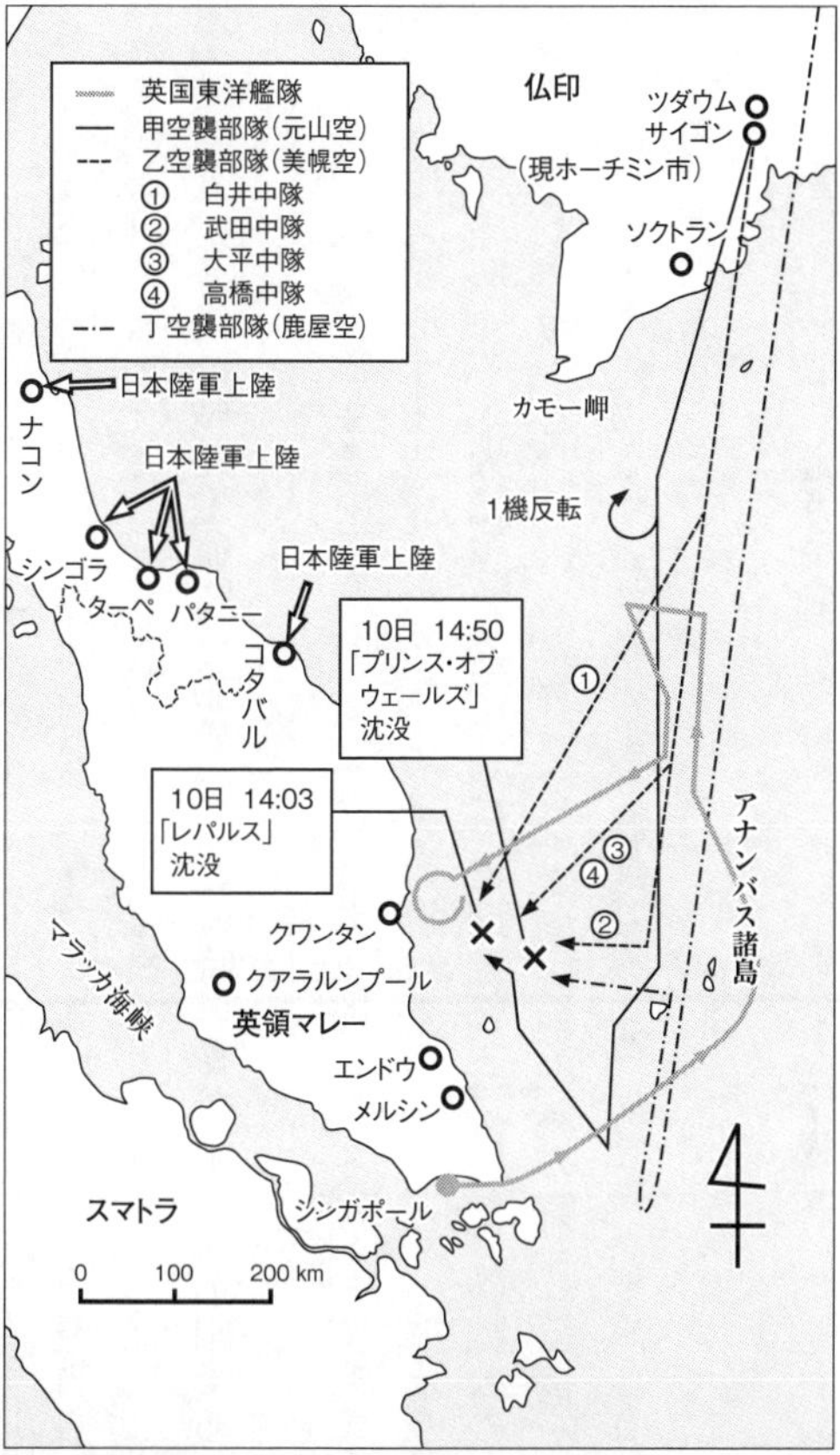

マレー沖海戦の日本軍には、味方を攻撃しそうになるなど、開戦間もない慌ただしさも感じられる。そして、深井氏たちが鍛えあげ、準備した水雷戦法は成果を発揮することなく、英戦艦は海軍航空隊によって沈められてしまったのである。

しかし冷静に考えてみると、停泊中の戦艦が航空機の攻撃を受けて損傷した例は時々あったが、自由に航行している戦艦が航空攻撃によって撃沈された前例はまったくなく、そのようなことは不可能と考えられていた。この一戦により上空警戒のない水上艦艇は最新鋭の戦艦といえども簡単に撃沈されてしまうということを証明した。これは一大事実であり、今後の戦略戦術に一石を投じた一大壮挙であったのである。

これ以後、大艦巨砲主義を信奉し、戦艦中心の戦略戦術を企図していた列強国も、水上艦艇の作戦には必ず上空警戒機を配備しなければならないということを悟り、日本海軍においても来襲する米大艦隊を太平洋上にて迎え撃ち、激しい砲戦ののち、夜戦兵力をもってこれを壊滅する、といった華々しい大艦巨砲主義の舞台は一場《いちじょう》の夢と化した。かわって航空兵力を主力とする作戦方針、戦略戦術の一大転換が要求されることとなったのである。

エンドウ沖海戦で英艦を撃沈

年も明けた昭和17年1月、マレー半島の攻略は順調に進捗していたものの、我が軍に対する英および蘭軍飛行機による空襲は、依然として続いていた。これに対峙すべくマレー半島南部のエンドウに航空基地を建設することとなり、1月20日、資材を積んだ「かんべら丸」「関西丸」と陸軍部隊を乗せた輸送船11隻が、カムラン湾を出港した。

26日にエンドウ沖に到着した船団は揚陸作業を開始、この警戒にあたる第一護衛隊が、軽巡「川内《せんだい》」を旗艦に私の乗る「初雪」ら駆逐艦6隻、特設監視艇や掃海艇など計22隻であった。しかし、我が船団はエンドウ到着の直前に英軍機に発見されており、4回にわたる空襲を受けた。幸いにも上空直衛の陸軍機と我が護衛隊の奮闘で船団の損害はきわめて軽微であったが、英軍は水上艦艇による攻撃もくろみ、26日午後に英駆逐艦「サネット」と豪駆逐艦「ヴァンパイア」を出撃させた。

我が索敵機は午後4時50分に2隻を発見、第一護衛隊に「敵艦2隻進撃中」との通報が寄せられた。我々は襲撃を夜半と予想、警戒外線に第二〇駆逐隊（「天霧《あまぎり》」「朝霧《あさぎり》」「夕《ゆう》霧《ぎり》」「狭霧《さぎり》」）が、警戒内線では第一一駆逐隊（「初雪」「白雪《しらゆき》」「吹雪《ふぶき》」）が敵襲に備えた。

　27日の午前4時30分頃、「夕霧」が「敵2隻見ゆ」を通報しながら砲撃を開始したが、暗夜のうえ距離も7000～8000メートルと離れていたため、命中しなかった。「夕霧」と同距離にいた「白雪」は、照射射撃を行ったが、敵艦の集中砲火で被害が出てしまう。しかし、英・豪駆逐艦も第一護衛隊の集中砲火を浴びて退却を開始した。

　一方「夕霧」の信号を受けた時、私は「初雪」砲術長としてメガネ（見張り用の大型双眼鏡をこう称した）を覗いていた。だが、目標が見えない。どうしたものかと目を離すと、すぐそこに先頭を進む「サネット」が見えるではないか。距離にして約1500～2000メートル、メガネの視野一杯であったため、逆に視認できなかったのである。これには驚いた。さらに驚いたことに、向こうも私と同じようにまったく気づいていないのだ。おそらく「吹雪」が発する信号にばかり気をとられていたのだろう。

　私は慌てて発砲した。わずか1000メートルの距離、初弾から命中した。駆逐艦の12・7センチ主砲は「豆鉄砲」などと称されるが、これを受けたのは同じく駆逐艦の「サネット」。装甲はお互いなきに等しい。直撃を受けた同艦はこれも同様に近すぎたため、「初雪」に気づいていなかったようで、間もなく白煙を上げて停止、のちに沈没した。私は砲術訓練の成果を喜ぶ暇もなく目標を「ヴァンパイア」に変えたものの、「ヴァンパイア」は、煙幕を展張して隠れてしまったため、砲撃を中止した。

「サネット」への砲撃は距離を計る間もなかった。

「撃ち方、始め！」

の命令で放たれた砲撃はほとんどが命中した。近すぎて測距儀を使う余裕もなかったので、砲側照準という各砲がそれぞれ独自に照準しての砲撃だ。とにかく撃てば当たるのだ。これには自分でも驚いた。わずかな時間の海戦であったが、私にとって初めての砲撃はまことに感動的なものであり、砲の威力をこの目で見られたことは、以後の戦闘において、大きな自信となったのである。

戦闘後、「サネット」の乗員救助を行った「初雪」は士官（少尉）を含む18名を収容した。捕虜となった少尉と片言の英語で会話を交わした。私は語学が堪能なわけではなかったが、それでもなんとなくわかる。

「ボクは英国では少尉だ。それなりの対応をしてほしい」

「よし、わかった」

国際法では、捕虜の扱いは厳密に定められている。「初雪」では、艦橋内に設けられた艦長休憩室を提供したが、彼の英国兵らしい礼儀正しさはさすがに立派なものであった。「初雪」ほかの駆逐艦に救助された捕虜もいたと聞くが、彼は翌日、旗艦「川内」に引き渡されている。

この海戦はエンドウ沖海戦と称され、太平洋戦争では、初めての水上戦闘と伝えられた。海戦後、旗艦「川内」で行われた研究会には私も出席し、戦闘の様相を代表して答弁した。

ジャワ上陸作戦で魚雷誤射？

昭和17年2月27日、ジャワ攻略をめざす日本軍と、同方面のＡＢＤＡ艦隊（米・英・蘭・豪の連合軍艦隊）の間で、スラバヤ沖海戦が発生した。日本海軍はこれに勝利したものの、損傷しながらも沈没を免れた米重巡「ヒューストン」、豪軽巡「パース」はジャワ南岸のチラチャップへ向かっていた。2隻はその途中の3月1日深夜、ジャワ島へ上陸中の日本の第一六軍を発見、攻撃を開始した。

これに応戦したのが原顕三郎《はらけんざぶろう》少将の第三護衛隊で、我が「初雪」が所属の第三水雷戦隊および第五水雷戦隊、第七戦隊の重巡「最上《もがみ》」「三隈《みくま》」からなる部隊であった。

戦闘は0時半すぎから開始されたが、第一一駆逐隊と第七戦隊は、味方商船を攻撃中の「ヒューストン」「パース」に対し、魚雷を放った。私は砲撃の準備を整えて雷撃を見守っていた。

「初雪」は35ノットほどの高速で突撃していたが、ときに敵艦との距離は4000メートル程度にまで縮まった。

まさに目の前だ。

激しい銃砲撃戦のなかで、私はいつの間にか帽子を吹き飛ばされていた。のちに兵に聞くと、敵の機銃弾だったという。だが、私は風で飛んだのではと思っている。なにしろ35ノットもの速度で走っているわけだ。視界は飛沫に奪われるし、突風もすごいのだ。砲撃しようにも、明かりを点けて距離を測られるわけにはいかない状況で、消灯したまま、ただ戦闘を見ているしかなかった。

私のいる射撃指揮所のひとつ下の階で艦長、航海長、水雷長が魚雷発射の指揮をとっている。

艦長の
「発射始め！」

の命令が出る。水雷長は
「左魚雷戦」

「距離四〇（4000メートルのこと）」

「発射始め」

と次々に号令をかける。航海長はこの状況に合わせて、ゆるやかに面舵《おもかじ》をとり右回りに船を操縦して発射を助ける。

魚雷は、一番後部のものから1・5秒間隔でスポッ、スポッと飛び出していく。星明かりもない暗闇のなか、無灯火で波しぶきを浴びながら、いつもやっていた訓練とまったく同じように見事に発射を終了した。9本だ。

魚雷到達予想時刻キッチリに「ヒューストン」は黒煙をあげて爆発、轟沈した。他艦からの魚雷も数本、命中したらしい。

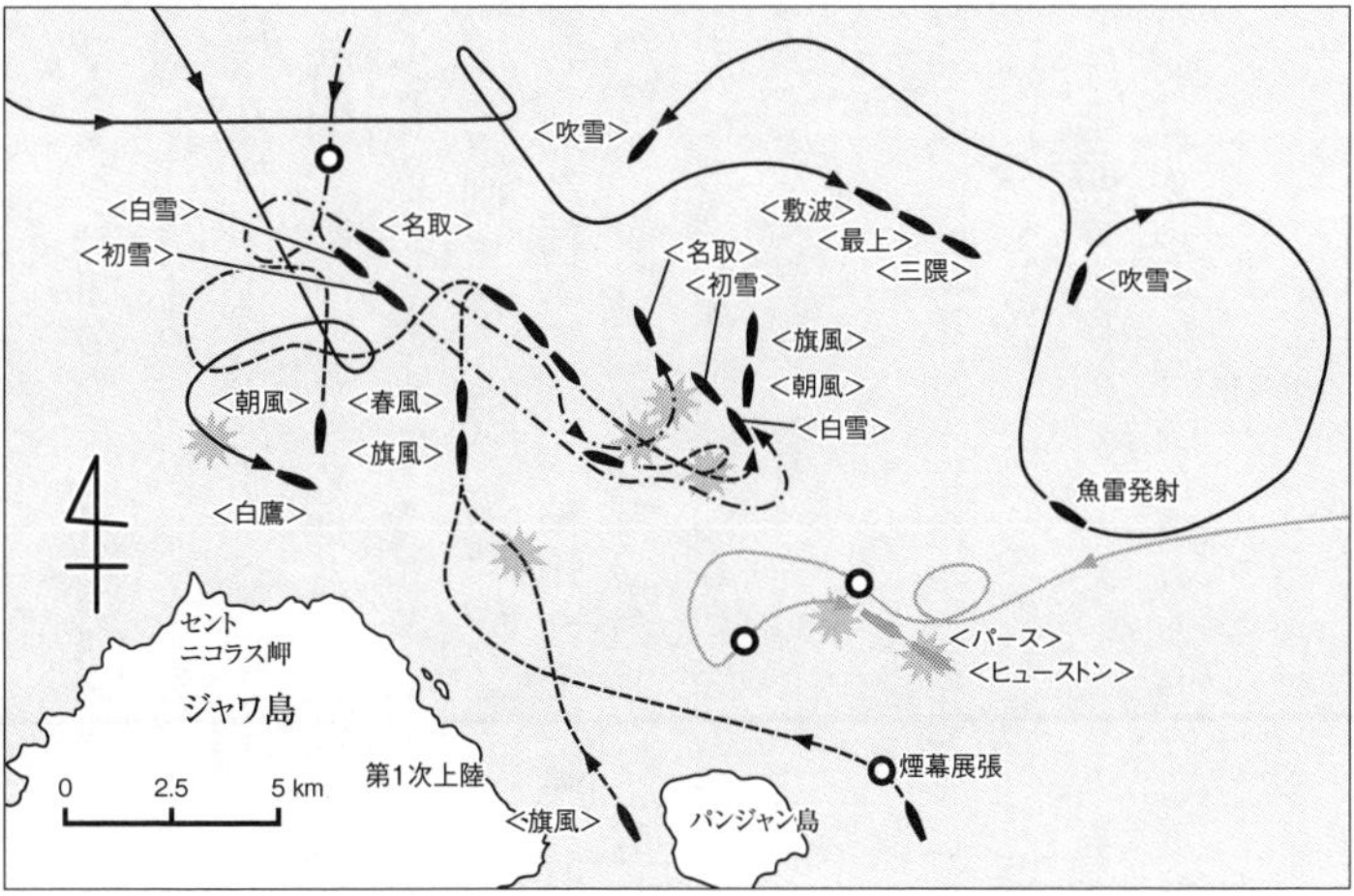

第三、第五水雷戦隊と第七戦隊第二小隊が入り乱れたバタビア沖海戦。五水戦の第二二駆逐隊は、深井氏も乗艦したことのある「三日月」の同型艦である睦月型で編成されていた。旧型駆逐艦ながら誇るべき奮戦をみせた。

戦闘は深夜2時頃に2隻とも沈んで我々の勝利で終わるが、ここで数隻の輸送船が、味方の魚雷の誤射によって沈没する事態が発生する。しかもそのなかには、上陸部隊指揮官の第一六軍司令官、今村均《いまむらひとし》中将が乗船する「神州丸《しんしゅうまる》」も含まれていた。今村軍司令官は、重油の海を約3時間も漂流するはめになり、のちに海軍側が謝罪に赴いている。

戦史ではこれは巡洋艦「最上」の誤射とされており、『戦史叢書《せんしそうしょ》』の海軍側の記録では「自軍魚雷の命中」、陸軍側では「敵魚雷艇の攻撃」となっているのが興味深い。

だが、のちに私が計算した結果では、「神州丸」に命中したのは第一一駆逐隊による魚雷と思えて仕方がない。「初雪」「白雪」「吹雪」の3隻が3連装3基9門で、27本撃っている。当時、手元にあった作戦経過図を時間に添って拾っていくと、どうも、私たちの撃った魚雷だったように思えるのだ。

バタビア沖海戦も終わり、陸軍第一六軍は上陸をすませると、たちまち首都バタビア（現在のジャカルタ）を占領し、さらにオランダ軍を追って東部へと進撃していた。蘭軍は戦意なく3月9日には全面降伏した。

一方、フィリピンの米軍も北方から南へ南へと追いこまれて、バターン半島からコレ

味方誤射により沈んだ陸軍の輸送船「神州丸」に乗っていた陸軍の今村均将軍は、海軍の謝罪に快く応じた。今村将軍は、仁将の誉れも高く、占領地でも善政を敷いて現地民から慕われた。

ヒドール島（マニラ湾口にある小さな島）に逃げこみ頑強な要塞をつくって抵抗を続けていた。ところが連合国軍総司令官だったマッカーサーは、日本海軍がバタビア方面作戦に集中している隙をねらって8万余名もの部下をコレヒドールに残したまま、こっそりと単身魚雷艇により戦場を離脱して、オーストラリアへ遁走《とんそう》してしまったのである（3月9日の情報）。コレヒドール島の米兵は最高指揮官不在のまま抵抗を続けていたが、4月29日ついに降伏した。捕虜は7万6000名であった。

連戦連勝の終わり

この頃大本営は、太平洋戦争における第一段作戦をほぼ終了し、第二段作戦に移ろうとしていた。第一段作戦の目的は、第一がハワイ空襲、第二が南方資源地帯の占領にあった。そして南方資源地帯においては石油を確保するとともに各種資源の本土への輸送を企図していたのである。このためマレー半島、シンガポールを始めとしたフィリピン諸島、およびジャワ、スマトラなどオランダ領各諸島を占領制圧して油田地帯を確保、石油生産施設を整備するのが一大急務であった。

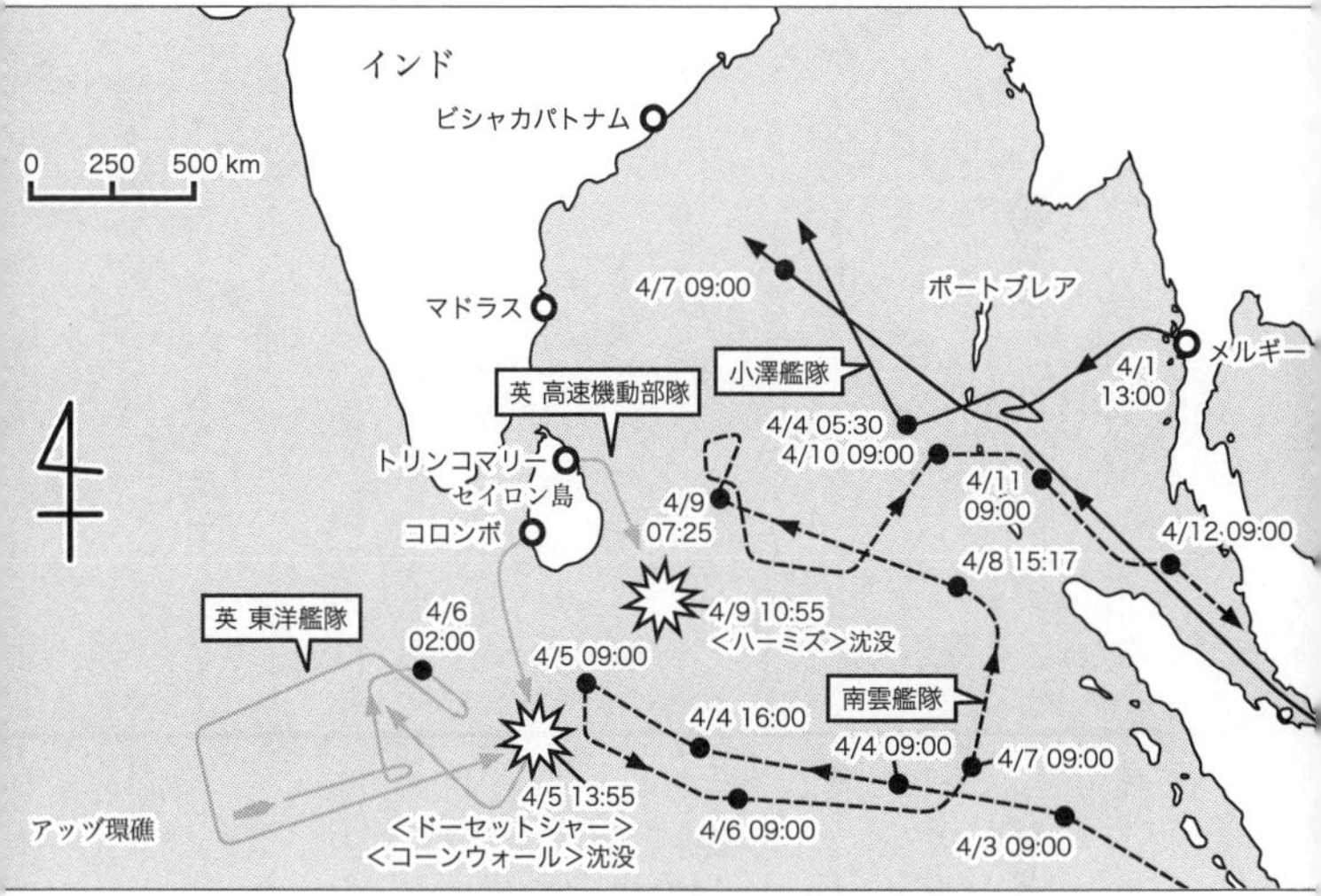

セイロン島沖海戦で日本機動部隊は索敵の過誤、情報の錯誤などの多く過ちを犯したが、連戦連勝中ということもあり顧みられることはなかった。同じような過ちにより、ミッドウェー海戦で大敗することになる。一方、別動の小澤艦隊は商船狩りで大戦果をあげている。

しかし日本が第一段作戦の目的を達成していたとはいえ、英国はセイロン島になお強力な海軍基地を有していた。しかも2月頃から逐次兵力の増強に努め4月には戦艦5隻、航空母艦3隻、重巡5隻、軽巡5隻、駆逐艦14隻という大兵力に加え、セイロン、インド、ビルマなどに約500機の航空機を展開し、南方の我が南雲機動部隊に対抗しうる兵力を整備し、反撃を計画していたのである。

日本としては、このセイロン基地が、占領した南方資源地帯に対する西からの攻撃の足がかりとなりうるため看過《かんか》するわけにもいかず、また北支戦線に対する連合国の補給支援、いわゆる援蔣《えんしょう》ルート、すなわち「米国〜豪州〜セイロン〜重慶」の補給路線が活況を呈《てい》しており、陸軍としては従来よりこのルートの遮断を何よりも熱望していたところであった。

一方、真珠湾攻撃以来、その被害回復に没頭している米国はまだその余力はなく、東からの攻撃は考慮の必要のない状況にあった。

かかる状況に鑑《かんが》み、大本営としてはこの好機に乗じて東洋にただひとつ残っている連合国側基地セイロンを粉砕して、南方資源地帯インド洋方面の安全を図るとともに援蔣ルートの遮断壊滅を企図し、英東洋艦隊と同基地の攻撃撃滅を下令したのである。
この海戦における日英両軍の兵力は次のとおりであった。
日本側　空母6隻を含む計46隻
英国側　空母3隻ほか計34隻
ところが3月26日以降の我が機動部隊の行動は、すでに英国側に漏洩《ろうえい》しており、英海軍としては日本機動部隊の行動を逐一承知していた。そして英海軍司令官はこの意味のない戦闘を避け、全艦隊を率いてセイロンのはるか西方にあるモルジブ諸島のアッツ環礁に退避していたのである。このモルジブのアッツ環礁には英国が極秘裏に構築した有力基地があり英東洋艦隊を収容するには十分であった。しかも日本側はこのモルジブに英秘密基地のあったこと、さらに英東洋艦隊がこの基地に退避していることもまったく承知しておらず、勇みに勇んで英艦隊のいないセイロンへ大空襲を敢行したのである。
コロンボ上空には約40機の敵戦闘機が待機していたが、これらの旧式戦闘機は零戦（零式艦上戦闘機）の敵ではなく瞬く間に撃墜され、制空権は完全に日本側のものとなった。しかし目当ての英東洋艦隊の姿はなく、航空隊は仕方なく、在泊中の小艦艇と諸施設を爆撃して帰艦した。

私はこの海戦後、日本軍の持っている情報の貧弱さに不安を持った。セイロン攻撃は大本営の意気ごみとはうらはらに空振りに終わった。顧みれば大戦果をあげたハワイ空襲だって轟沈させたのは旧式艦艇ばかりで新鋭の艦艇、空母は姿を見せなかった。日本は幕下相手にひとり相撲をとっているのではないだろうか。少しだけそんな気がした。

5月には史上初の日米空母同士の決戦となる珊瑚海海戦が行われ、双方空母を1隻ずつ喪失した。日本側は井上成美《いのうえしげよし》長官が途中で作戦を打ち切ったため、本来の目的である東部ニューギニア最大の拠点、ポートモレスビーの攻略に失敗した。これは戦略的には敗北と言うほかはなく、この結果、後年、日本軍はニューギニアの消耗戦で多大な犠牲を出すのである。私は井上長官の練習戦艦「比叡《ひえい》」艦長時代を知っているが、現場では敢闘精神に欠けるとの評判であった。実戦よりも、海軍兵学校の校長や終戦工作などで本領を発揮する方であったと思う。

この珊瑚海海戦で連戦連勝だった日本海軍の進撃は一時停止となり、6月にはミッド

ミッドウェー海戦で日本軍は、虎の子である空母4隻を喪失する、という予想だにしない敗北を喫した。写真はミッドウェー海戦で炎上し、漂流する空母「飛龍《ひりゅう》」。以後、主戦場はソロモンに移り、深井氏も苦闘を重ねることになる。

ウェー海戦を迎える。有名な海戦だけに詳細は省くが、日本海軍は空母4隻を一挙に失う大敗北となった。私の所属する第一一駆逐隊は連合艦隊司令長官の山本五十六《やまもといそろく》大将が率いる主力部隊の一員として戦艦「大和」「長門」の護衛に就いていたが、戦闘もないまま帰投した。

第3章

ソロモン諸島の攻防

命令違反の代償

ミッドウェー海戦の敗北は、単に空母の大量喪失に止まる事態ではなかった。

大本営は当初、ポートモレスビー、ニューカレドニア、ソロモン諸島に航空基地を建設して、南東方面の制空権を確保することを考えた。これによって、アメリカと、ともに戦うオーストラリアとの連絡路を遮断してオーストラリアの孤立・弱体化を狙っていたのだ。

しかしミッドウェー海戦の大敗によって、フィジー、サモア、ニューカレドニア方面の攻略は実施が不可能となった。そのうえ、海軍が珊瑚海海戦で事実上敗北したことで、陸軍はポートモレスビー攻略において、標高が高く踏破がほぼ不可能なスタンリー山脈を越えるという困難な作戦を選ばざるをえなくなった。

対して米軍航空部隊は、以前よりニューカレドニア、ポートモレスビーを基地としてラバウル、ラエの日本軍航空部隊と死闘を展開しており、南東方面ではいわゆる航空撃滅戦が始まっていた。

日本はこの戦況を打開するため、ソロモン諸島方面に有力な航空基地を急ぎ建設する必要があった。すでに5月初旬よりガダルカナル島北方の近距離にあるツラギ島を攻略、海軍の大型飛行艇が進出し、偵察基地として活動を開始していた。大本営は米軍の反攻に対するさらなる備えとして、ガダルカナル島にも航空基地の建設を決定した。

のちに餓島《がとう》と呼ばれることになるガダルカナル島（以下、ガ島）は千葉県程度の面積の、全島が原始林に覆われた未開の島であった。衛生状態はきわめて悪く、マラリアとアメーバ赤痢が蔓延する孤島に、2700名の設営隊員が、7月初めより航空基地の設営作業を開始。疫病に悩まされながらも大木を伐採、密林を切り開いて滑走路を造成した。

8月4日、同設営部隊からラバウルの司令部にあてた

「滑走路完成　諸般の事情から考えすみやかに戦闘機の進出を必要と認む」

との電報を、私はメルギ沖にあった駆逐艦「初雪《はつゆき》」でも傍受した。これを受けてラバウル司令部は翌5日、零戦12機をガ島に進出せしめて警戒にあたらせた。

大本営としては米軍の反攻はフィジー、サモアと島づたいになるものと予測してお

り、設営部隊からの電報に私たち「初雪」乗員も「これで備えができた」と喜んだものである。

しかし8月6日、ガ島に進出した零戦隊の隊長は驚くべきことに
「現在の居住施設はあまりに粗悪であり、この状況では零戦隊は任務を全《まっと》うすることは困難につき、居住施設その他が完備するまで我が隊はラバウルにて待機する」

との電報を発信、同日にラバウルへと帰投してしまったという。これを傍受していた私たちは驚いた。

常時、米軍機の監視下にあるガ島飛行場は、いつ空襲を受けてもおかしくない状況であり、南東方面の航空戦でも重要な場所に位置していた。それを搭乗員であるA大尉が理解していなかったとは信じがたいが、「寝場所がよくない」というだけの理由で約900キロも後方のラバウルに引きあげたことは、重大な命令違反である。

我々「初雪」乗員らも、勝手な振る舞いに
「飛行機乗りは何をやっているんだ」

と憤懣《ふんまん》やるかたのない思いであった。

ラバウルに展開する戦闘機隊。ガダルカナル島をめぐる攻防で、精強を誇った零戦隊は、損耗を重ねていく。深井氏は本書で初めて明かされることとなる、衝撃的な同島陥落の理由を語った。

運命というのは非情なものである。
零戦隊が帰投した翌日の8月7日早暁、ツラギより
「われ砲撃を受けつつあり」
「敵は大兵力、上陸を企図するものの如し」
との入電があり、午前6時10分発信の
「われ最後の一兵まで死守す、武運長久を祈る」
の電報を最後に連絡は途絶えた。玉砕したのであろう。米軍はツラギ攻撃と同時にガ島にも艦砲射撃と空襲を実施しており、翌8日には飛行場の東方、ルンガ岬東海岸に大兵力による上陸を開始したのであった。なお「初雪」はこの日、ダバオに向かい、ガ島の戦いに参加することになる。

以後のガ島戦は、航空機の援護もなく、上陸した米軍によってあっさりと飛行場を奪われた日本軍が奪回を試みるが、ことごとく作戦は失敗。その繰りかえしで補給は途絶え、将兵や兵力を消耗していく。
この初動の遅れ、そして、A隊長の行動には許しがたい怒りを覚える。零戦隊が帰投

した翌日に米軍が来たということは、とどまっていれば敵の規模もわかったに違いないのだ。ミッドウェー海戦で消耗したとはいえ、まだ零戦も搭乗員も米軍に遅れを取らなかったのだ。

このことを記すのは、おそらく私が初めてである。どの戦記にも、この事情は語られていないと思う。私も戦後70年が過ぎて、ようやくこうして打ち明ける気になった。

この事態にラバウルの第二五航空戦隊は米上陸部隊を空襲、また新編されたばかりの第八艦隊も出撃するなど海・空の対応は素早いものであった。

しかし第八艦隊は、敵護衛部隊との夜戦には完勝した。だが、米軍の上陸部隊を乗せた輸送船団を攻撃することなく帰投、これは第一次ソロモン海戦と称された。ガ島戦の初動における我が軍の大失策であり、爾後《じご》への影響は計り知れないものがあった。大本営も米軍の上陸を強行偵察程度の小兵力と考えており、情勢の誤判断や兵力の逐次投入など拙劣な指揮によってガ島は地獄の様相を呈することになる。

先述のA隊長の命令違反といい、上陸部隊を見逃した第八艦隊といい、初手のつまずきは我が軍に甚大な出血を強要することになるのであった。

「初雪」、ソロモンの戦いへ

ガ島戦が開始されて間もない8月19日、「初雪」はマカッサルからダバオへの軍需品の輸送任務に就いていた。同日の午後8時頃、

「第三水雷戦隊を南東方面艦隊に編入す。すみやかに同艦隊に合同すべし」

という作戦電報を受信した。

この時期の南東方面は、8日にガ島へと上陸した米軍が飛行場を整備、20日には自由自在に発着が可能となった戦闘機により、ガ島を中心に半径250マイルの制空権を米軍が掌握するに至っていた。

第一一駆逐隊の集合地点であるトラック島に到着してみるとすでに僚艦である駆逐艦「白雪《しらゆき》」「吹雪《ふぶき》」の姿が認められ、合流してラバウルを目指した。

8月29日、ラバウルに到着した第一一駆逐隊は南東方面艦隊の命令を待つ。ラバウルは海岸から火山灰の平地が延々と続き、南方らしい密林もなく、殺風景な土地であった。遠浅の海岸は砂が荒かったが、広範囲に温泉が湧いており、我々はしばしの休養を

楽しんだ。

それもつかの間、南東方面艦隊司令部からは
「第一一駆逐隊はただちに出港、ショートランドにて陸兵を収容のうえガダルカナル島タイボ岬へ輸送せよ」

という命令がもたらされた。

すでに米軍掌握下にあるガ島へ向かうことは、たいへんな危険を伴う。そのため輸送に際しては日没の約1時間ほど前に敵の航空攻撃圏内すれすれまで進出、敵機が基地に引きあげるのを確認してから全速力でガ島へ突進する。

ガ島到着後は約1時間で物資の陸揚げ作業を行い、全速力で退避するのである。日の出以後はできるだけ敵機の攻撃圏外にいなければ翌朝必ずと言っていいほど、空襲に遭った。しかも往路では米駆逐艦や魚雷艇と遭遇することもあり、砲術長である私は砲戦を指揮してこれを撃退しなければならなかった。

揚陸作業の指揮も私が執った。糧食や弾薬をボートに載せて、敵の爆撃下を海岸にまで運ぶ。ときには爆撃から逃げまわり、ボートと「初雪」がはぐれて夜の11時から朝の

4時ぐらいまでガ島にいたこともあった。

ガ島の深いジャングルは昼間でも2、3メートル先ですら見えないような濃密なものだったが、その間を現地の陸軍兵が人ひとりほど通れる道をつくっていた。丸山道と呼んでいたが、負傷や病気で道ばたに横臥《おうが》している兵もたくさんいた。

私が見た兵隊さんは脚を負傷していて、出血した箇所が膿《う》んで、ウジがいっぱい動いているさまに、これは本当にたいへんな場所だと思った。そうした負傷兵にはナッパ椰《や》子《し》という大きな椰子の葉を布団のかわりにかけないと、虫が飛んできて傷口を吸ったり卵を産んだりと、さらに悪化する。生きてはいるが虫の息で、気の毒で声もかけられなかった。本当にガ島はひどいところであった。

ネズミ輸送中にレーダー射撃を受ける

ここで、「初雪」によるガ島への輸送作戦を記載してみよう。
8月29日　ショートランド発。川口支隊第二梯団《ていだん》250名を収容、ガ島タイボ岬に揚陸。午後5時20分に米軍機6機の爆撃を受けるも被害なく、30日ショートランド帰着。
8月31日　ショートランド発。第一一駆逐隊各艦にて川口支隊主力1200名をガ島タイボ岬に輸送。途中、B17の空襲を砲撃で撃退。9月1日ショートランド帰着。
9月4日　ショートランド発。第一一駆逐隊各艦にて第二師団青葉大隊1000名をガ島タイボ岬に輸送のあと、午後10時50分頃より飛行場砲撃開始。火災を発生せしめたるも効果不明、午後11時40分、敵警戒駆逐艦2隻と距離1000〜4000メートルで交戦、照射砲撃でこれを撃退。9月5日ショートランド帰着。
9月7日　ショートランド発。ガ島へ向かう途中、イサベル島付近にて南方遠距離より、無照射、無星弾の一斉射撃を受ける。20センチ砲と思われ、初弾から夾叉《きょうさ》される。数斉射を受けるが被害はなく、海軍第一派遣隊をカミンボ岬に揚陸した。9月8日、ショートランド帰着。

9月11日　ショートランド発。第三輸送梯団（青葉支隊および歩兵第四連隊計1100名）をカミンボ岬まで護衛、揚陸を支援。本日までの輸送累計人員は6700名、砲26門、糧食約4週間ぶんに達する。9月12日、ショートランド帰着。

9月15日　ショートランド発。ルンガ沖に在泊中の輸送船と警戒艦艇の襲撃を企図したが、敵影を見ず飛行場を砲撃。9月16日、ショートランド帰着。

こうした駆逐艦による輸送を我々はネズミ輸送、米軍は東京急行（トーキョー・エクスプレス）と呼んでおり、ガ島戦後半は潜水艦によるアリ輸送も行われるようになる。「初雪」は、一木支隊に続いてガ島に送りこまれた、川口支隊の川口清健《かわぐちきよたけ》少将を乗せたこともある。小柄だが毎日体操を行っていた、意気軒昂とした方であった。

右に記したように「初雪」は連日のようにガ島に赴いたわけだが、毎回必ずと言っていいほど、米軍機の空襲か米艦の襲撃を受けた。数えてみると、昭和17年8月29日から10月20日までの間に、14回もガ島に通ったことになる。

日本軍は制空権・制海権を米軍に奪われた。そのため、ガ島への補給は高速の駆逐艦を用いた「ネズミ輸送」を余儀なくされた。しかし輸送船に比べ積載量ははるかに少なく、駆逐艦「菊月《きくづき》」(写真は、のちに米軍により引き揚げられた際のもの)のように、撃沈された艦も多い。「初雪」は武運に恵まれたといえるだろう。

しかし何より衝撃的だったのが、9月7日に受けたレーダー射撃である。その日、第一一駆逐隊は「白雪」を先頭に、「初雪」「吹雪」の順で、いつものように危険な水道を避けて島の外側を進んでいた。これで、左から出てくる駆逐艦や魚雷艇だけを警戒していればいいはずであった。私は夜目には自信があり、訓練を重ねて水平線の漁船が見えるようになり、双眼鏡があればそこに映る映像の大小で目標の進行方向も観測できるようになっていた。

ところがその夜は、右側の水平線に突如としてパンパンッと花火のような10数発もの閃光が見えた。

「おい、あっちにいるぞ！」

艦内は騒然となったが、しばらくすると私たちの周囲に12、3本もの水柱が林立した。

「これは巡洋艦に違いない……」

水柱の高さから私はそう判断したが、はるか彼方から、探照灯も星弾も用いない砲撃は想像だにできなかった。しかも砲撃は先頭の「白雪」を直撃、煙突を吹き飛ばした。「白雪」は舵機も故障して針路も定まらないまま落伍していった。しかし輸送任務の途上にあった「初雪」は、弾薬や陸軍の兵隊さんを乗せたまま戦闘するわけにはいかない。やむなく「白雪」を置いてガ島へ急ぐほかなかった。ショートランド基地への帰路、単艦でのろのろと進む「白雪」の姿を認めたのでこれを護衛して帰投したが、機関が故障したため同艦は戦列から離れることになった。

この砲撃は水平線の彼方からのレーダー射撃と私は判断しており、帰投後すぐに「我が艦艇にも電探射撃（レーダー射撃のこと）の備えをすべき」だと司令部に報告、以後もことあるごとに訴えることになる。

「初雪」から「金剛」へ

「初雪」らが連日のように輸送を行い、海陸空で何度かの戦闘を行ってもガ島の戦況は悪化の一途をたどった。

昭和17年10月13日は戦艦「金剛《こんごう》」「榛名《はるな》」がガ島の飛行場に対し、36センチ主砲によるすさまじい艦砲射撃を行った。ヘンダーソン飛行場は一時的ながら使用不能となり、我が陸軍は歓喜したものの、ガ島奪回には至らなかった。

同月26日の南太平洋海戦でも、南雲《なぐも》機動部隊は米機動部隊に辛勝したが、予定されていた陸軍の総攻撃は不首尾に終わった。

生還した陸軍兵に聞いたのだが、集結場所にはひとりずつしか通れない細い一本道しか使えず、前を行く兵の背中に光りゴケを貼りつけて進むのだという。そのため先頭が集結場所にたどりついても、まったく後続が集まっていないという有様であった。

南太平洋海戦後、10月12日から14日にかけて行われた第三次ソロモン海戦は、戦艦「比叡《ひえい》」「霧島《きりしま》」によって再びガ島飛行場を砲撃に向かう途上で発生したもので、最初の戦闘では「比叡」が沈んだ。「初雪」は「霧島」の護衛に就いていたが、米戦艦「ワシントン」「サウスダコタ」と対峙した夜戦は、敵と味方の識別も困難なひどい乱戦であった。

探照灯は自艦の位置を曝露してしまうために用いられず、わずかに時おり撃ち上げる星弾によって敵味方を識別するほかなかった。しかも旗艦「霧島」が損傷したため指揮が届かず、各艦は艦長が独自に敵を攻撃するしかない状況であった。結局、この海戦で「霧島」も沈んでしまう。この頃から、ガ島は「餓島」と呼ばれ始める。

大本営は昭和17年の大晦日《おおみそか》にガ島からの撤退を決定するが、それを聞かずして私は11月20日、戦艦「金剛」の副砲長を命ぜられ、「初雪」を退艦した。

深井氏が駆逐艦「初雪」に続いて乗艦した戦艦「金剛」。太平洋戦争に参加した日本戦艦では一番古い艦で、唯一の英国製であった。しかし、その速力もあって、金剛型は艦歴こそ古いものの、太平洋戦争でもっとも活躍した戦艦でもある。

私が「初雪」に乗艦していたのは、1年程度のことであった。しかし苦労も楽しみもすべてが思い出であり、乗艦したなかで愛着のある艦艇を聞かれると、即座に「初雪」が1番、「大和《やまと》」が2番と答える。

＊　＊　＊

とはいえ「初雪」の暮らしは快適というものではなく、駆逐艦であるため船体が小さく、積める糧食も少ない。生野菜などは出港後10日でなくなり、乾燥野菜を食べることになる。その乾燥野菜もなくなると今度は缶詰が出るのだが、その頃になるとみなビタミンBが不足して脚気《かっけ》になってムクんできてしまう。

そうなると短気になって、ちょっとぶつかった程度で喧嘩になることも多々あった。若い者が多いから、また激しい喧嘩となる。

そんな時は気分転換のためボートで無人島に行ったり、釣りをしたりと身体を使うのが一番であった。囲碁や将棋、トランプなどもしょっちゅうやっていた。

それから何よりの娯楽が、睡眠だった。若い兵はいつもくたびれているから、これが一番の楽しみだったかもしれない。

私が乗艦した頃の「初雪」は艦齢も10年をすぎており、設備などはいまひとつであった。砲術長である私は3畳1間程度の個室を与えられていたが、ベッドの下がタンスで部屋にはトイレも洗面所もなかった。

ときには手すきの時間に兵員室に行って部下と雑談することもあった。ある兵に今で言うラブレターが届いた時などは、「公開せい」などと命じては、みなで見たものである。私も妻から手紙が届いたが、南方宛ての郵便はシンガポールに集まるようになっており、回収のため寄港することもあった。そういう時は4通も5通も溜まってどれがいつ届いたものかわからなくなっていたが、やはりうれしいものであった。独り者などには慰問袋が届けられることもあり、女性からの激励の手紙は誰もが大切に持っていた。

ちなみに駆逐艦の当直は三直制となっており、艦長が就寝している間は砲術長の私、水雷長、航海長で当直に立った。航行中は2時間、停泊中は4時間交代だが、深夜0時から午前4時という時間帯は当直が明けても6時に総員起こしがかかるので、誰もが嫌がった。その次は正午から午後4時、続いて午後4時から午後8時でこれが一番いい。

私が上級になった時は「俺は午後4時から当直に立つぞ」と楽な時間帯を選んでいた。

大きな艦では、棒で兵隊の尻を叩き、気合をいれるということがあった。兵隊さんたちを一列に並べて、「軍人精神注入棒」と書かれた棍棒で叩くのである。だが、「初雪」はじめ駆逐艦ではそのようなこともなかったように思う。駆逐艦はどこか家庭的な雰囲気があった。

駆逐艦のよい点は階級では最下級となる二等兵から士官まで、兄弟のように関わっていたことだ。開戦からはみな毎日「今日は死ぬかもしれないぞ」という覚悟で戦っていた。これが本当の戦友なのだ。私が今でも想い続けている唯一の艦こそ、激戦をくぐり、戦友と苦楽をともにした「初雪」である。

＊　＊　＊

私が次に乗艦することになる戦艦「金剛」はイギリスのヴィッカース社建造による、日本海軍が最後に外国に発注した戦艦である。太平洋戦争に参加した戦艦ではもっとも古く、副砲の銘版に「アームストロング社」（イギリスの製造会社）と記されていたのには

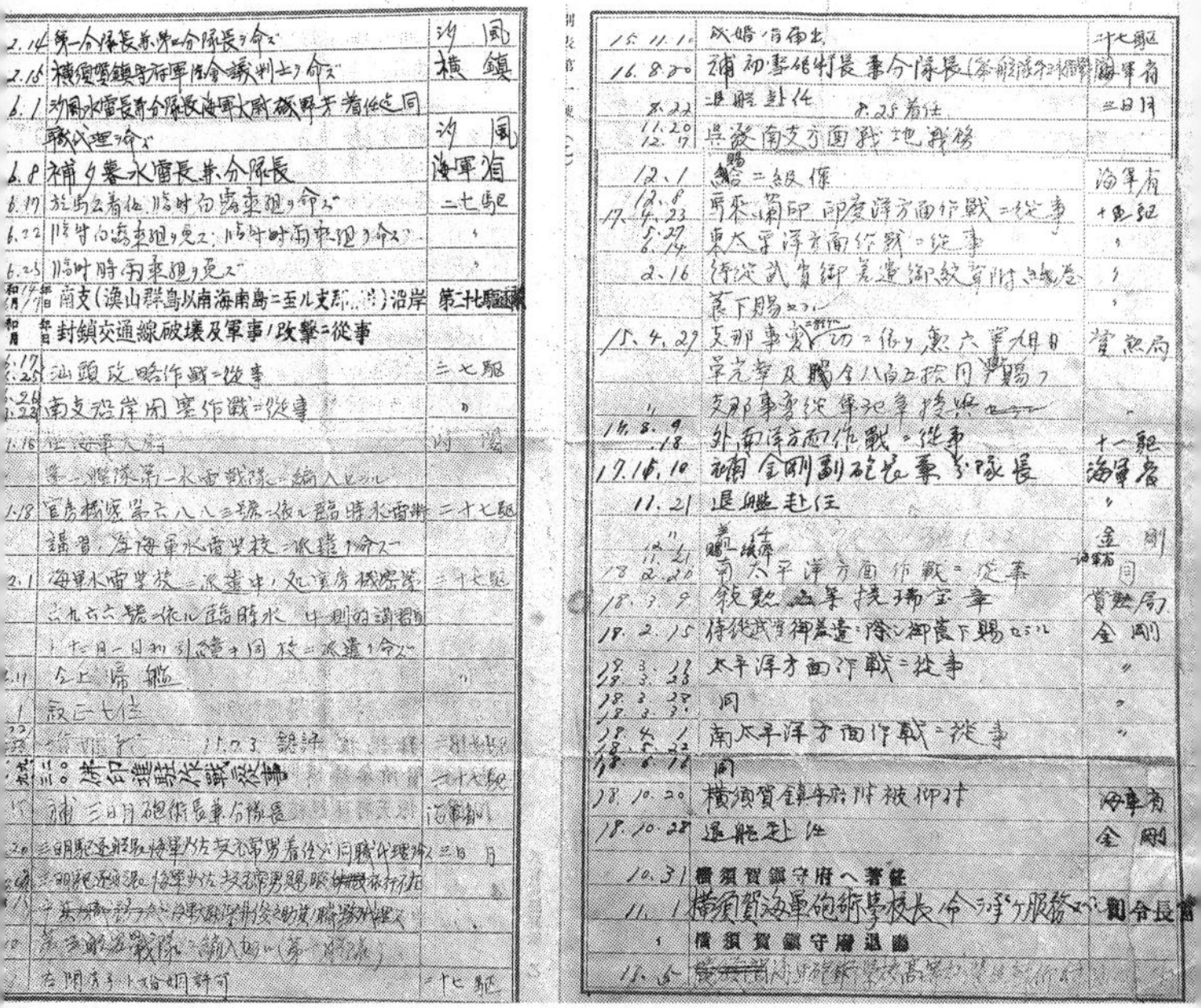
2.14 第一分隊長兼第二分隊長ヲ命ズ 汐風
2.16 横須賀鎮守府軍法会議判士ヲ命ズ 横鎮
6.8 補夕暮水雷長兼分隊長 海軍省
南支（浪山群島以南海南島ニ至ル支那沿岸）沿岸 第二十七駆逐隊
封鎖交通線破壊及軍事ノ攻撃ニ従事
汕頭攻略作戦ニ従事 二七駆
南支沿岸閉塞作戦ニ従事
15. 11. 10 結婚ノ届出 二十七駆
16. 8. 20 補初霜砲術長兼分隊長 海軍省
11. 20 12. 17 出発南方方面戦地勤務
蘭印 印度洋方面作戦ニ従事
東太平洋方面作戦ニ従事
15. 4. 29 支那事変ノ功ニ依リ勲六等旭日単光章及賜金八百五拾円下賜ワ 賞勲局
外南洋方面作戦ニ従事 十一駆
17. 11. 10 補金剛副砲長兼分隊長 海軍省
11. 21 退艦赴任
南太平洋方面作戦ニ従事 金剛
18. 2. 15 侍従武官御差遣ニ際シ御菓子下賜セラル 金剛
太平洋方面作戦ニ従事
南太平洋方面作戦ニ従事
18. 10. 20 横須賀鎮守府附被仰付 海軍省
18. 10. 28 退艦赴任 金剛
10. 31 横須賀鎮守府へ着任
11. 1 横須賀海軍砲術学校長ノ命ニ依リ勤務

開戦時からソロモンの攻防に身をおいていた時期の深井氏の軍歴。このページだけでも、駆逐艦「汐風《しおかぜ》」「三日月《みかづき》」、戦艦「金剛」と、じつに多数の艦に乗艦し、様々な海戦に参加されている。まさに歴戦の海軍士官である。

驚かされた。

この艦で一番うれしかったのは、天井が高かったことだ。英国製なだけあって、私の身長でも、梁《はり》に頭をぶつける心配がなかった。身長180センチと、当時としてはかなりの長身の私は、どの艦に乗っても、しょっちゅう艦内で梁に頭をぶつけていたのだ。梁は鋼鉄製なので、とても硬い。ひたすら痛い思いをしたものだ。その点では快適そのものである。同じ意味で頭の心配をしなくてよいのは「金剛」を除けば「大和」くらいのものだ。ただ「大和」と「金剛」では艦内の電気設備が段違いだった。「大和」がホテルそのもののような電気設備だったのに対し、「金剛」はまったく大違いだった。私が生まれた頃に建造されたような古い艦なので当然だが、天井の高さのほかに快適なところは何ひとつなかったかもしれない。

「金剛」に着任後、さっそく艦長に呼ばれ
「おまえは副砲を使って大至急、電探射撃を研究せよ」

という特命をもらった。通常の目視による射撃は測距儀というもので目標の距離や速度、進行方向などを計測して、風向きや風速などを加えてデータをつくり、これに合わせて砲を動かし、砲弾を調整して発射する。この測距儀に代わり電探で測定した数値を

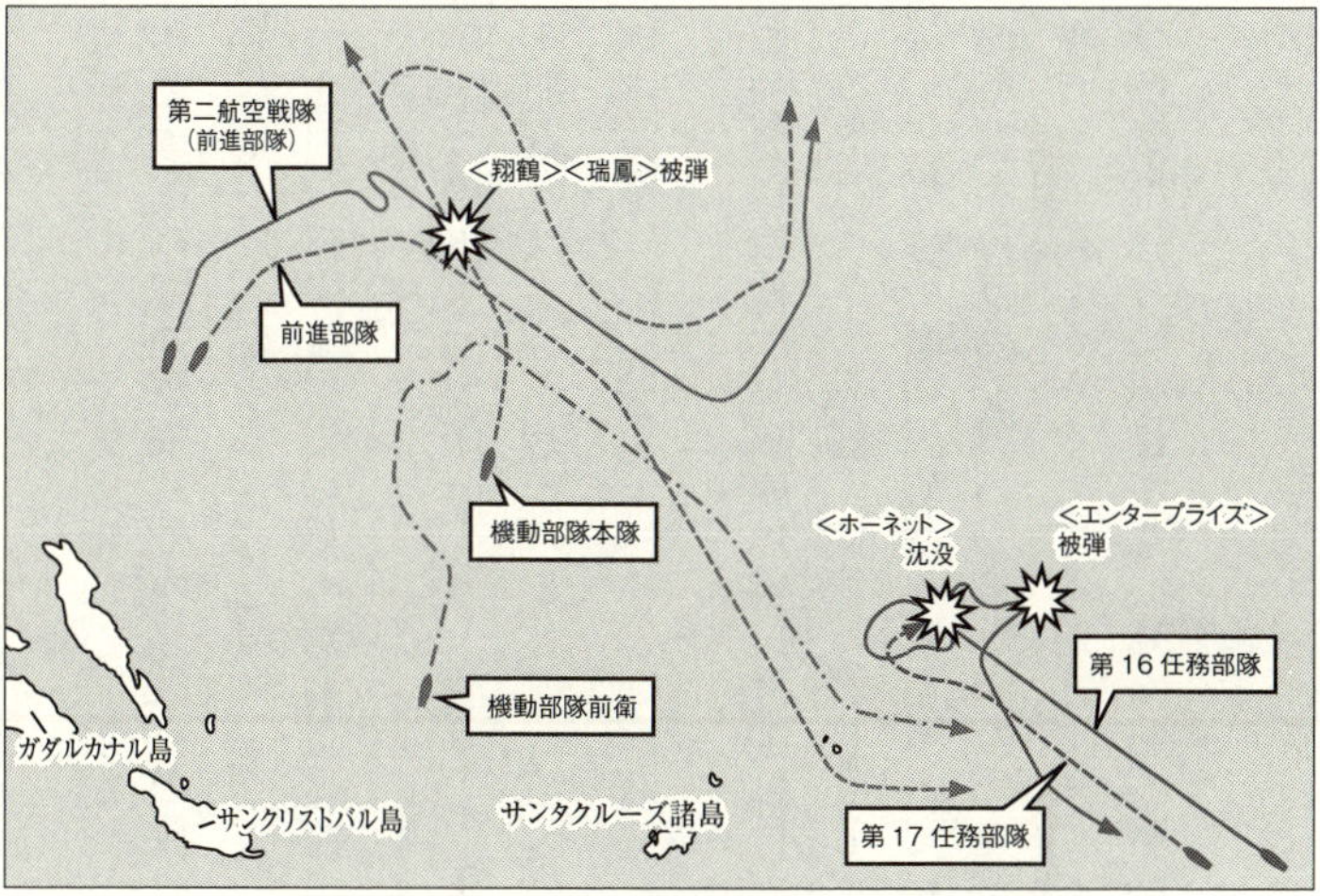

南太平洋海戦では、深井氏の乗る「金剛」が所属する前進部隊は脇にまわり、戦闘の主役は機動部隊であった。多くの犠牲を払いながら米空母「ホーネット」を撃沈、これが日本機動部隊最後の勝利となる。

使用するわけだが、電探が不正確きわまりなく、標的艦を狙って撃っても、1キロほど離れて標的を曳航する駆逐艦に砲弾が飛んでゆく。その後の射撃でも弾着位置が定まらず、研究を重ねて目標近くに着弾するようにはなったものの、まったく命中しなかった。正直、訓練を重ねた目視による射撃のほうが有効と感じた。

この「金剛」勤務時代の昭和18年7月17日、「初雪」がブインで大空襲を受けて沈没した。私がその事実を知るのはずっとあとのことで、忙しい時期であったが「とうとう沈んだか……」との感慨に浸った。

1年ほど「金剛」に勤務した私は、昭和18年11月1日付で横須賀の海軍砲術学校に転勤となった。ここでの教頭は後年、戦艦「武蔵」艦長として戦死する海軍砲術の重鎮を自認した猪口敏平《いのぐちとしひら》大佐で、艦隊決戦の講義ばかりをやっていた。

開戦直後のマレー沖海戦からガ島の戦いで飛行機の威力が身に沁みていた私は、「教官、敵は４００キロもの遠くから攻めてくるんです。こちらの大砲が届くのは40キロまでです。大砲では機動部隊と戦争はできませんし、戦艦同士の艦隊決戦などはもう起こりません」

と進言したものだが、猪口大佐は

「飛行機は砲撃で墜とせばいいだろう」

と聞き入れられなかった。

「私らはソロモンで何度も対空戦闘を行いましたが、墜とせなかったんですよ」

と食い下がったものだが、訓練が足りないと一蹴される。思えば元駆逐艦乗りの意見など、

「何を言うか」

と歯牙にもかけていない風情だった。

当時において対空射撃で主砲はまず当たらず、主砲より発射速度の速い副砲でも4、5パーセント当たればいいほうだ。高角砲は調子がよければ15パーセントぐらい当たった。機銃は近距離だから当てやすいといった具合であった。しかし、猪口大佐が兵棋《へいき》演習の審判官を務めると、50機来襲した敵機は30機ほど落ちるようにサイコロが振られていた。

のちの「武蔵」沈没時は、戦艦による対空戦闘は無理と悟って戦死されたという。

すでに飛行機が主流となった戦況を見極めることなく、生起するはずもない艦隊決戦を指導、兵器もシステムも良好とは言い難い対空射撃をないがしろにした猪口教頭を初めとした日本海軍の硬直した思考は、敗因のひとつにあげられるべきだろう。

第4章

「大和」乗艦ヲ命ズ

世界最大の巨艦に乗艦

昭和19年3月1日、私は戦艦「大和《やまと》」に副砲長として着任した。呉で建造された「大和」は当時、最高の軍機とされていて近くを通る汽車や船から見えないように隠されていた。だが、以前見たドッグの大きさから、想像はできた。

しかしやはりいざ乗艦してみると、その大きさに驚くばかりで、実際に艦内で勤務してみると、こんないい艦はないと思えた。愛着という意味では、長く乗艦した駆逐艦「初雪《はつゆき》」のほうが強かったが、「大和」こそ世界一、今後これ以上の艦は建造なしえないと現在も思うし、当時のいかなる米戦艦にも優っていた。

「大和」の主砲は改めて記すまでもなく世界一級だったが、私が指揮した15・5センチ副砲は特にきわめて優秀な砲であった。もともと軽巡洋艦時代の最上型に搭載されていた主砲を転用したものだが、初速といって発射時における砲弾の速度は、920メートルと世界最高クラスである。同じく私が指揮した「初雪」ほかの駆逐艦の主砲は、12・7センチ砲が標準であったが、これと比べても、高速でまっすぐに進む15・5センチ砲

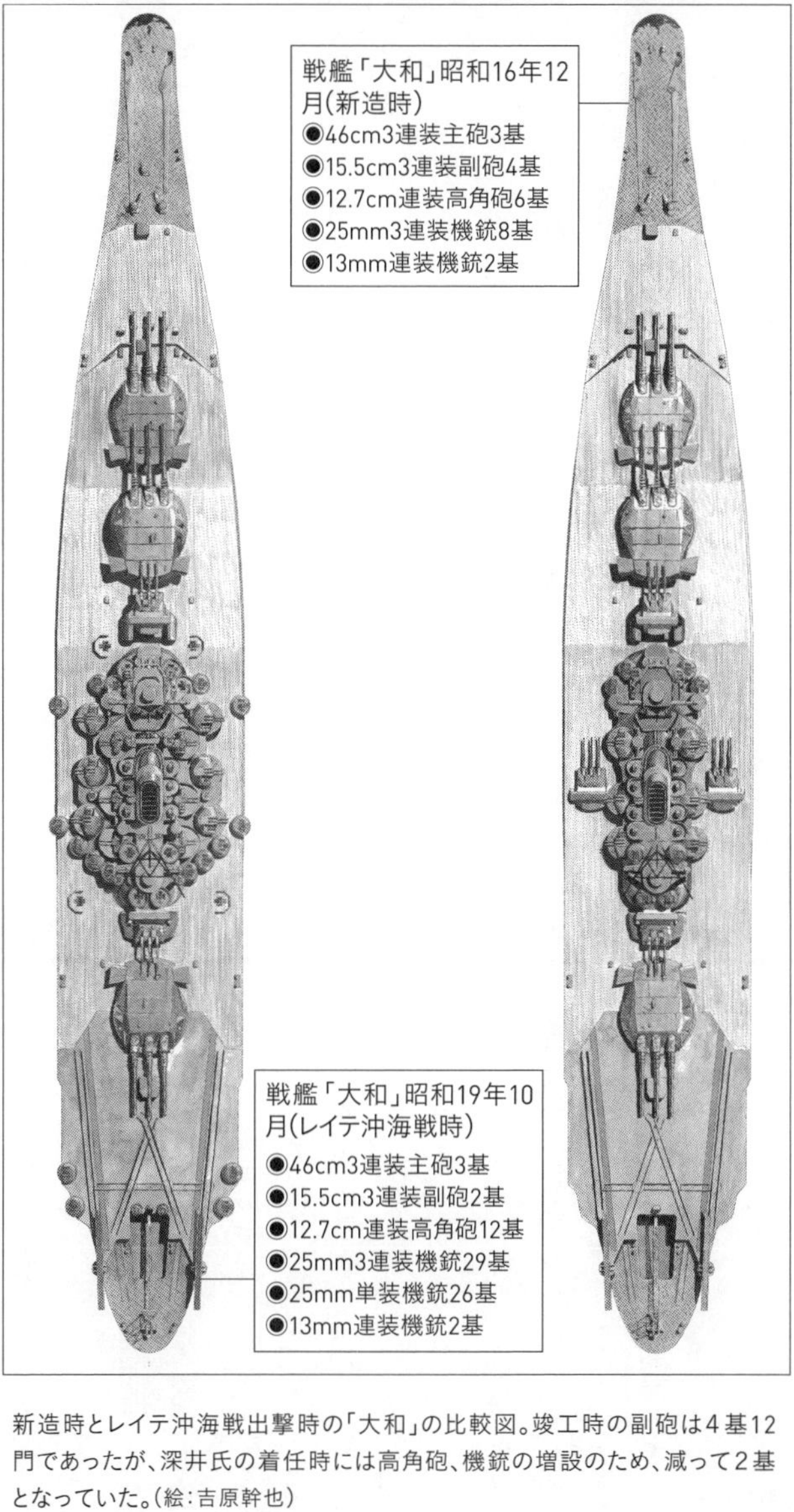

新造時とレイテ沖海戦出撃時の「大和」の比較図。竣工時の副砲は4基12門であったが、深井氏の着任時には高角砲、機銃の増設のため、減って2基となっていた。(絵:吉原幹也)

のである。

弾は命中精度も高く、すばらしい砲だった。撃っていて心地よいし、必ず当たる砲なのである。

私の着任当時、「大和」は改装中であったが、間もなく工事も終わり、赤道直下のリンガ泊地に進出した。同地では、ほかの艦が甲板に天幕を張って日除けとし、南方の強い日差しを避けていたものだが、「大和」は冷房設備があって快適そのものである。

艦橋はとても高く、大きなビルと同じぐらいの高さがあったが、我々艦橋に勤務する士官と伝令などの一部の兵隊は、艦橋に上がる際はエレベーターが使用できた。これを使えば、1分とかからない。ニューヨークのデパートで使われていた製品を輸入したものと聞く。

駆逐艦などでは、士官といえども、食事に大差はなかった。だが、「大和」では違う。「大和」の食事はなかなかのもので、同じ戦艦でも「金剛《こんごう》」や「比叡《ひえい》」よりも確実に上と感じる。調理が簡単なのでカレーが出る日も多かった。ちなみに食費は、月に27円を支払うものと決まっていた。そもそも、月給のほかに航海のたびに「航海加棒」ももらっていたので、懐《ふところ》はいつも暖かかった。だが、なかなか使い道がない。3カ月ぶんぐらいの給料は袋に入れたまま部屋の引き出しにしまっていたが、入港しても当直の関係

トラックに巨体を浮かべる戦艦「大和」(左)と「武蔵」(右)。艦上には天幕も認められる。生活環境は快適で、同島から動かないことや、やっかみ、羨望から「大和ホテル」「武蔵旅館」と呼んだ将兵もいたという。

で上陸できるのは3日程度。3日で3カ月の給料を使えるわけもなく、そうなると飲んで騒ぐしかない。だが、私は酒が飲めないため給料はほとんど手つかずで貯まっていたものだ。

また、前の第3章でも書いたが、私は長身のため、どの艦に乗っても梁《はり》に頭をぶつけていた。そのためいつも、なんとなく背をかがめて歩いていたわけだが、「大和」では胸を張って歩くことができた。これはうれしかった。

そういえば、戦闘時以外は夕食後、とくに作業がない場合は飲酒もできた。「酒保《しゅほ》開ケ」の号令が出ると、就寝までは飲酒が許されるのだ。艦の大きさで積みこむ酒もまちまちで、船体の小さな駆逐艦はおもに焼酎とビール。「大和」はそれらに加えて洋酒も豊富で、ワインなどもあった。南方の泊地などでは、駆逐艦などが、酒の購入のため内火艇で「大和」などの大艦を訪れることもあったのである。

軍艦には正規軍人だけでなく軍属が乗艦することも多く、「大和」にはシェフ、理髪師などがいた。歯科は軍医だったがこれはあまり上手ではなかったのか、「大和」退艦後にかぶせものがすぐ取れてしまったことを覚えている。

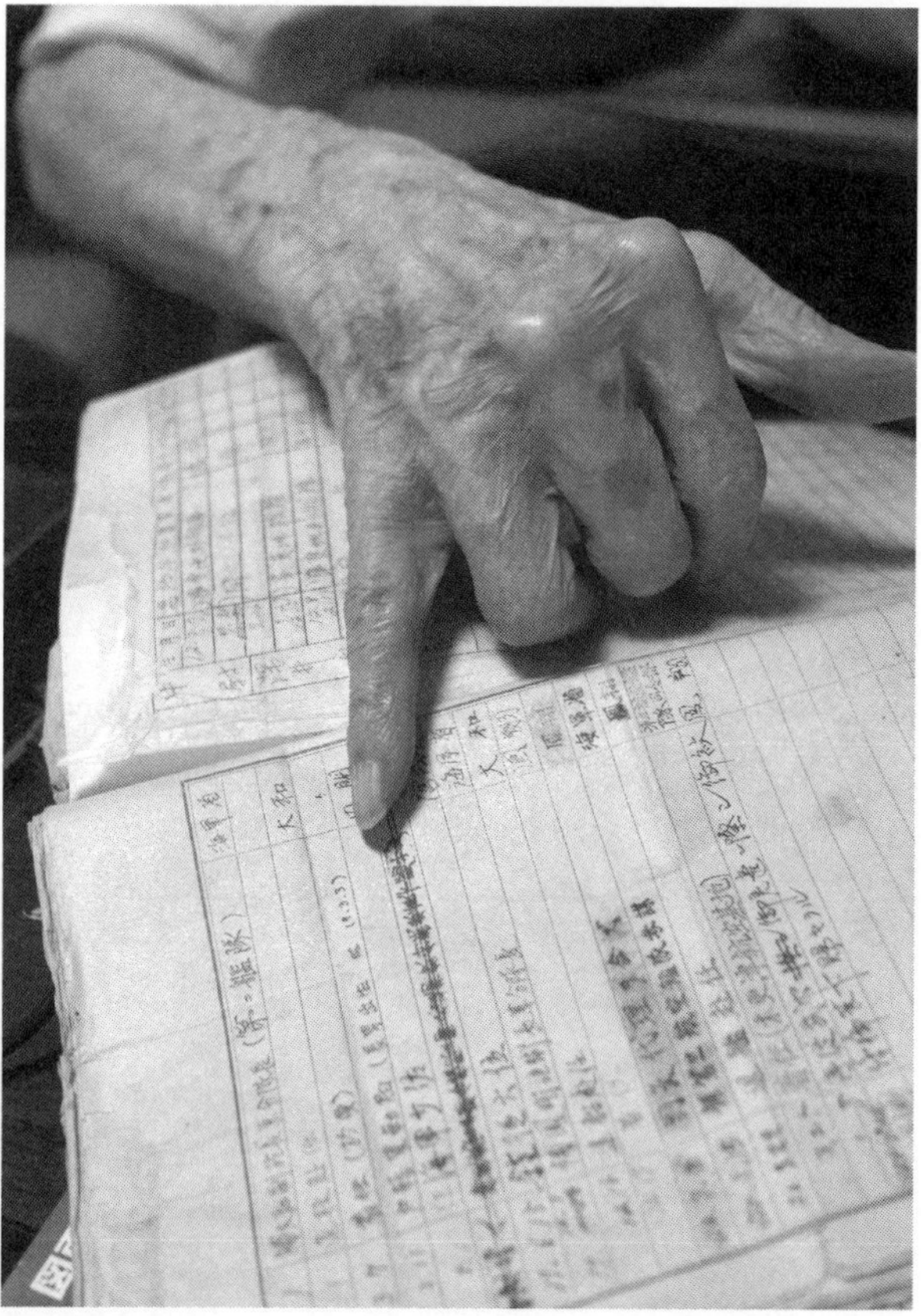

華麗な戦歴が記された資料を自ら指し示し、説明する深井氏。「少佐」任官時、「大和」の文字が見える。

＊　＊　＊

「大和」乗艦後、5月11日に海軍少佐に進級した私だが、部下のなかには年齢が上の者も多かった。少佐の私が副砲長、艦底部の発令所には市川通雄《いちかわみちお》少尉が就く。当時「大和」の副砲はすでに、左右の2、3番砲が撤去されていたため前後の1、4番砲のみだったが、砲塔には砲塔長として特務中尉か特務大尉が配置される。「特務」とは兵学校を出ていない、兵から軍歴を叩き上げた階級で、そうした人々の軍歴の長さ、技量の高さは兵学校出身者のおよぶところではない。いわば熟練の職人であり、我々は「特務(special)」をもじって「スペさん」と呼んでいた。

　私は駆逐艦勤務も長かったので、雷撃の際などは彼らの職人芸をよく目にしたものだ。普通、発射された魚雷は50メートルほど沈みこみ、定められた深度まで浮かんでから進んでゆく。この深度と進む方向を決める装置が深度調整器だが、この作業は雷撃ではもっとも重要で、彼ら以外にはできなかった。このため深度調整器も布で包み、古参の下士官が抱いて寝るほどの扱いだったのである。

日本海軍式砲術

ここで、我々が訓練していた砲術について記そう。戦闘がない平時の軍艦がやることは修理や改装を除けば、もっぱら訓練である。

私の配置である副砲指揮所は、10畳程度の広さであった。

私が方位盤の双眼鏡で砲撃目標を定めると、旋回手が方位盤を回してこの目標に照準を合わせる。「目標、左50度」という場合は方位盤で左50度を照準するわけだが、すると各砲塔の受信器の赤い針が左50度を示す。そこで各砲塔の旋回手が左50度に砲塔を回すと、今度は白い針が動く。この赤と白の針を合わせなければ弾は出ない。

次に射撃指揮所の直下の発令所にある射撃盤に、砲撃に必要なデータを送る。目標までの距離、目標と自艦の針路と速力、風向や風力を計測して入力する。

入力されたデータは、数万個もの歯車を用いたアナログコンピュータである射撃盤が自動的に砲撃に必要な要素（射撃諸元）を算出、指揮所と各砲塔に伝える。新たな数値を方位盤で修正すると、今度は射手の赤い針が動くので、これに合わせて砲塔を動かし、白い針を重ねる。

射手と旋回手の赤・白の針が両者ともに重なったら射撃準備完了で、方位盤の前のランプが灯る。すかさず射手が引き金を引くと砲弾が発射されていくことになる。先ほども書いたように、「大和」の副砲は全6門だ。すべての砲の赤と白の針がすべて合っていれば6発全部放たれる。針のあっていない砲から砲弾は出ないが（これを出弾率という）、ランプが4、5個点灯した時点で射手が引き金を引くこともあった。「大和」の副砲の出弾率は良好であった。これらの操作はなかなか難しいもので、早く、正確に行うために訓練を繰りかえすのである。

射撃は全砲一斉に発射する、一斉射撃を原則としている。

「撃ち方始め」の号令でまず一斉射、撃つ。この弾丸の着弾点を見て、遠近左右を修正して命中弾を得るのが射撃指揮官（砲術長・副砲長）の腕前だ。

一斉射撃だから撃った弾丸はほとんど同時に着弾する。ところが各砲が同じデータで撃っても、人的、機械的誤差のため一点に集中して落ちるのではなく、非常に縦軸の長

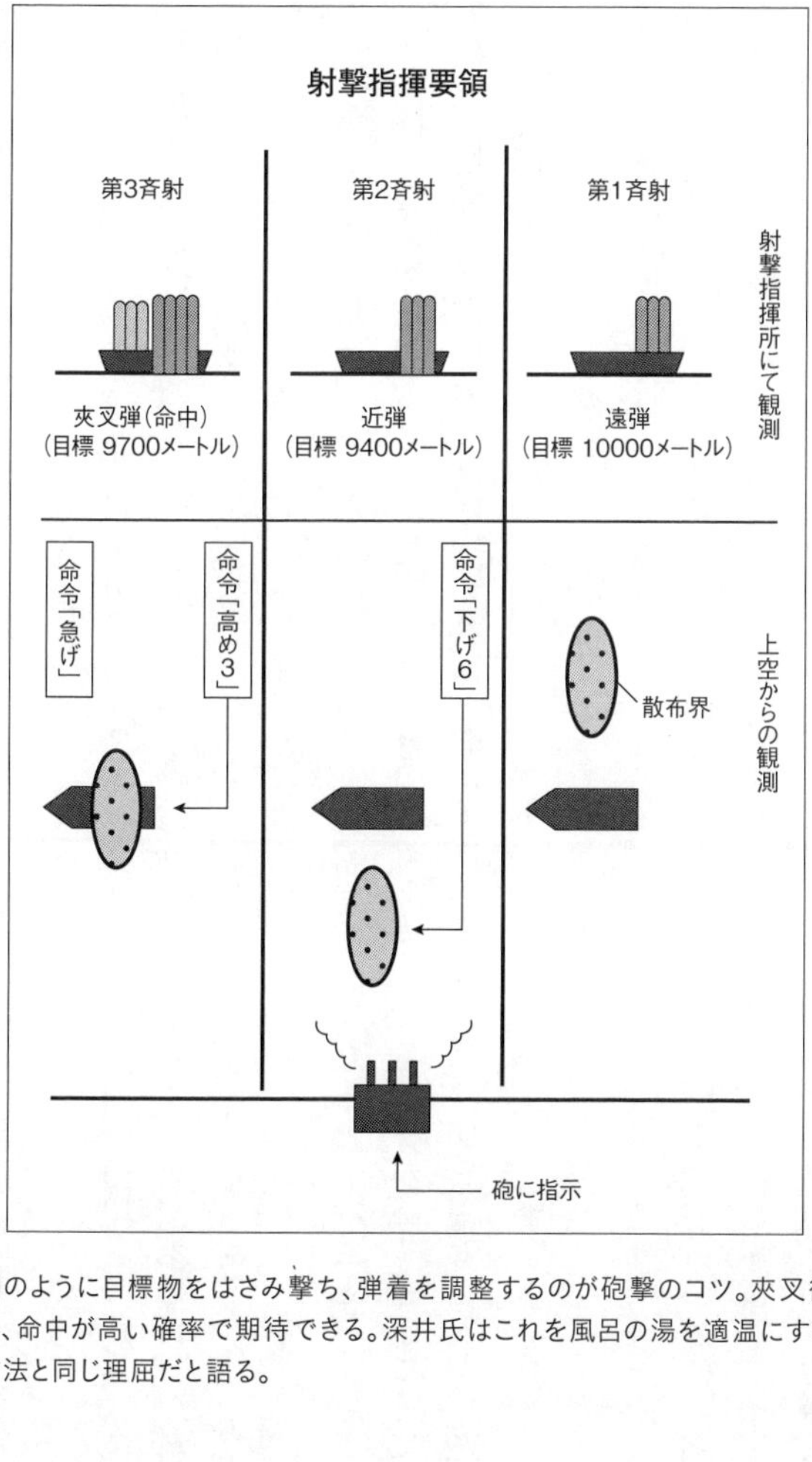

図のように目標物をはさみ撃ち、弾着を調整するのが砲撃のコツ。夾叉後は、命中が高い確率で期待できる。深井氏はこれを風呂の湯を適温にする方法と同じ理屈だと語る。

い、または横軸の短い楕円形のなかにバラバラに落ちる。この楕円形を「散布界」と呼んでいる。

訓練当初には、主砲の散布界は1000メートル以上、副砲でも800メートルくらいの縦長で、横幅はそれぞれ150メートルから200メートルくらいであるが、訓練を重ねると、これが段々と小さくなる。主砲で700メートルないし800メートル、副砲では600メートル以内が訓練の目標である。

散布界が小さくなれば、このなかに落ちる弾丸の密度が高くなるということ。密度が高くなれば、この散布界のなかに目標があれば、弾丸の命中する公算が高くなることにつながる。目標を散布界のなかに捉えれば一発以上命中する公算は16パーセントから22パーセントになる。

具体的に一例を申し上げてみよう。

「大和」副砲で距離10000メートルの目標を撃ったとする。第1斉射目が目標の向こう側に落ちて水柱が6本あがったら、全弾遠すぎたことになる。これを遠弾と呼ぶ。指揮官はただちに「下げ6」と命じて次の弾丸を発射させる。下げ6というのは距離を

600メートル下げて撃て、すなわち9400メートルで撃てということである。第2斉射目が全弾目標の手前側に水柱をあげたら（近弾）近すぎるということになる。第3斉射は「高め3」と命じる。すなわち距離9700メートルで撃てということである。これで、ほとんどの場合、命中弾が得られるので「急げ」という命令を出す。これは今のデータでどんどん撃てという意味である。初弾を撃ってから約1分半くらいの勝負だ。6、7斉射撃つと大概の巡洋艦、駆逐艦は大破大炎上して沈没する。こうなれば、快哉《かいさい》である。

これは数学の確率論に立脚して考案された、砲戦指揮の極意である。お風呂に入って熱かったら桶で6杯水を入れてぬるくする。ぬるくなりすぎたら桶3杯のお湯をたす。これでちょうどよくなるという具合だ。

絶対国防圏に迫る米軍

我々が訓練に励んでいた頃も、米軍の進撃は続いていた。大本営は「絶対国防圏」を定め、文字どおり一帯を死守するものとしていた。

ところがその一方、ガ島戦以来の南東方面における航空撃滅戦に敗れた日本は、空母搭載機も投入した「い」号および「ろ」号作戦でも大量の飛行機を喪失した。作戦指導にあたっていた連合艦隊司令長官の山本五十六《やまもといそろく》大将も、現地視察の際に搭乗機が撃墜されて戦死されている。

後任の古賀峯一《こがみねいち》長官も飛行機での移動中に殉職する。これを「海軍乙事件」と称するが、同時に不時着し、セブ島にたどりついた福留繁《ふくとめしげる》参謀長は、持っていたカバンを現地ゲリラに奪われる失態を犯してしまう。カバンのなかには次期作戦計画書、司令部用および一般用暗号書など最高重要機密が入っていたが、それらがゲリラを通じて米軍の手に渡ってしまったのだ。

以後の米軍は日本軍の手の内を知って戦うのだから、勝てるわけがない。

そして、福留参謀長は救出後、捕虜となり機密を奪われたことを一貫して否定。これについて、海軍も徹底した追求を行わなかった。さらに、福留中将は不問となったばかりか大戦末期は第二航空艦隊司令長官の要職にあった。身内に、特に高官に甘い日本海軍の体質は残念ながら敗戦まで改善されることはなかった。

私はこのことに、怒りすら覚える。機密を奪われた点以上に、こういった体質こそが問題であり、これこそが敗因のひとつであったと私は今も思う。この海軍、ひいては官吏の悪弊は、今の官僚機構にも生き続けている。非常に嘆かわしく感じている。

南東方面の制空権を完全なものとした米軍は、昭和19年になると南方に点在する島をつたいながら西方へと侵攻する。クェゼリン、ホーランジア、4月にはニューギニアのビアク島へと進んだ。陸上での戦闘に海軍は航空支援に努めたが、ソロモンとニューギニア作戦における日本軍の喪失機は、7000機にも達した。

ビアク島上陸の次に考えられる米軍の侵攻先は南方の軍需物資が集約されるフィリピンであり、日本海軍はビアク奪回のため渾《こん》作戦の準備を進めていた。

これには戦艦「大和」「武蔵《むさし》」も投入が予定され、陸兵を乗せて逆上陸させるという、建造当初からは予想もしなかった使用方法となるはずであった。

しかし米軍は6月11日にサイパン島を空襲、15日には上陸を開始した。絶対国防圏の一角であるサイパンを渡すわけにはいかない。ここが敵手に落ちると、戦略爆撃機B29

による日本本土爆撃が可能となるのだ。もはや渾作戦どころではない。
同日、豊田副武《とよだそえむ》連合艦隊司令長官は「あ」号作戦を発動、マリアナ沖海戦が生起することになる。南東方面の航空戦ですり減らした飛行機と搭乗員をようやく補充、新たに編成された第一機動艦隊で、来襲する米軍を迎え撃つのだ。

のちに私が短刀をいただくことになる（第5章参照）小澤治三郎《おざわじさぶろう》中将率いる第一機動艦隊は、小澤長官直率の第三艦隊（空母機動部隊）と栗田健男長官の第二艦隊がひとつになったものだ。私が乗艦する「大和」や「武蔵」、そして「長門」「金剛」「榛名」などの戦艦群は第二艦隊に配備されていた。これらは前衛部隊として主力空母部隊の前方に配備され、攻撃を吸収する役目が期待されていた。

まさに戦争の主役が戦艦から空母に変わったことを象徴しており、作戦参加空母の数は新鋭空母の旗艦「大鳳《たいほう》」ほか大小合わせて9隻を数えた。艦上機も新鋭の艦上攻撃機・天山《てんざん》や艦上爆撃機・彗星《すいせい》が加わり、航空兵力は450機に達する。

だがサイパンに来襲した米第5艦隊は、中核となる第58機動部隊だけでも正規空母7隻、軽空母8隻、戦艦7隻を数え、母艦搭載機は約900機という大兵力であった。

「あ」号作戦によって行われたマリアナ沖海戦で、米軍の空襲を受ける小澤艦隊。もはや彼我《ひが》の戦力差はいかんともしがたく、日本機動部隊は敗れた。マリアナ沖海戦では、深井氏の「大和」は戦艦「武蔵」「長門《ながと》」とともに前衛部隊に配備されていた。敵の攻撃の吸収を期待されての配置だったが、米軍機は直接後方の主力空母部隊へと向かってしまう。そのため、マリアナ沖海戦での「大和」らは、ごくわずかな対空戦闘を行ったにすぎない。

これに対して小澤長官は、日本機のほうが航続距離が長いことを活かしたアウトレンジ作戦を案出していた。敵機が到達できない地点から飛行機を放ち、攻撃しようというものだ。「肉を斬らせて骨を断つ」ことが戦いの神髄であり、私は正直なところこの戦法に懐疑的であった。

かくして6月19日朝、第一次攻撃隊が出撃する。日本軍が先に米艦隊を発見したこともあり、旗艦「大鳳」艦内では必勝の雰囲気に昂《たか》ぶっていたとも聞く。「大和」を含む前衛部隊からも第三航空戦隊の攻撃隊が出撃するのが見えたが、ガ島以来の負け戦を見ている私は「今度は勝ってくれよ」と祈りながら、「大和」上空を敵機動部隊に向け飛ぶ航空隊を見送るばかりであった。しかし、そろそろよい知らせのあるころか、と思う時になっても、なんの情報も入ってこない。それどころか、いっこうに我が航空隊が帰ってこないのだ。

そのうち、電報などで、攻撃隊のほとんどが米戦闘機に撃墜されたことを知った。レーダーで日本軍機を捕捉した米軍は、零戦を上まわる性能のF6Fヘルキャット戦闘機を大量に飛ばして待ち受けていた。多くの練度の低い若い搭乗員が操る零戦は、これに敗れたのである。

当初は迎撃《げいげき》に徹していた米軍が攻撃隊を放ったのは、翌20日のことで、「大和」ら前衛部隊も対空戦闘を行った。しかし主砲は遠距離対空射撃にしか有効たりえず、私の副砲も12、3秒間隔の射撃が限度であった。10秒経つと飛行機は2500メートルほど移動してしまう。目標を見て、発射してからそんなに移動されては、なかなか当たるものではない。高角砲と機銃はどうにか飛行機に追従できたが、主砲・副砲での対空射撃は5パーセントも命中すれば褒賞《ほうしょう》ものというのが実感であった。

正直言って、私は、ガダルカナルの戦闘で空襲に慣れていたので、このときの戦闘にそれほど大きな印象はない。

第二艦隊には夜戦の命令も出て、索敵の途中で打ち切りとなったが、私はこの命令にも疑問を抱いていた。こちらの戦艦部隊は25ノット程度の速力だが、米機動部隊は30ノット以上の高速を発揮する。追いつけるわけがないのだ。

かくして空母3隻と何百機もの飛行機を失ってマリアナ沖海戦は大敗北となり、絶対国防圏の一角は破られた。敗戦の責任を取って東條英機《とうじょうひでき》内閣が解散となるなど、国内に与えた影響も大きく、サイパン島に残された邦人の自決などの悲劇を招いたのである。

第5章

運命のレイテ沖海戦

台湾沖航空戦の幻

昭和19年7月にサイパン島を手中にした米軍は大規模な航空基地を建設、超重爆撃機B29による日本本土空襲を開始した。当初の目標は各所の軍需工場であり、各種物資の生産は減少の一途をたどっていった。

9月になると米軍はインドネシア東部、モルック諸島のモロタイ島に4発爆撃機のB24を配備して偵察、攻撃を開始した。これはフィリピン群島全域が、B24の攻撃範囲となったことを意味する。

10月10日、米軍の機動部隊は沖縄と周辺の島を、12日には台湾を空襲した。その兵力は大型空母9隻、軽空母8隻、戦艦6隻、巡洋艦14隻、駆逐艦58隻という強大なものであった。大規模な空襲、そして砲撃は米軍による上陸作戦前の事前攻撃として常套《じょうとう》化していたため、大本営は台湾か沖縄が危険と判断。このため、陸海軍の全航空兵力で米軍撃滅を企図したのが台湾沖航空戦である。

マリアナ沖海戦で勝利、サイパン島を手中に収めた米軍は、超重爆撃機B29（写真）を配備した。同島から飛び立ったB29によって、日本は焦土と化す。

マリアナ沖海戦で航空兵力のほとんどを失った日本海軍は、艱難辛苦《かんなんしんく》の末に整備した基地航空隊兵力1000機、機動部隊再建に向けて訓練中だった空母艦上機350機を投入した。このなかには、台風など悪天候下でも作戦行動を可能とした精鋭、T攻撃部隊（Tは「タイフーン」の頭文字）も含まれていた。さらに洋上攻撃を苦手とする陸軍も、かねてより雷撃訓練を積んでいた重爆撃機隊が参加、まさに日本の総力をあげた航空決戦であった。

我が軍の攻撃は12日から16日にかけて行われたが、1300機以上の飛行機と搭乗員を失った。その代償に空母11隻、戦艦2隻、巡洋艦3隻を撃沈、撃破は空母8隻、戦艦2隻など空前絶後の戦果をあげたと発表され、軍艦マーチが流れる大本営発表に街は提灯《ちょうちん》行列で沸き返り、海軍は天皇陛下からもお褒めの言葉をいただくこととなった。

しかし、過大すぎる戦果をいぶかしむ意見もあり、実際に日本の攻撃隊のあげた戦果は、巡洋艦2隻大破にすぎなかった。

かくも大きな虚構の戦果が生まれたのは練度未熟な搭乗員の誤認と、数多くの誇大報告に大本営の通信が大混乱となったためであった。こうして台湾沖航空戦は終結したが、我が航空部隊は南東方面航空撃滅作戦、マリアナ沖海戦に続き、みたび戦力が皆無

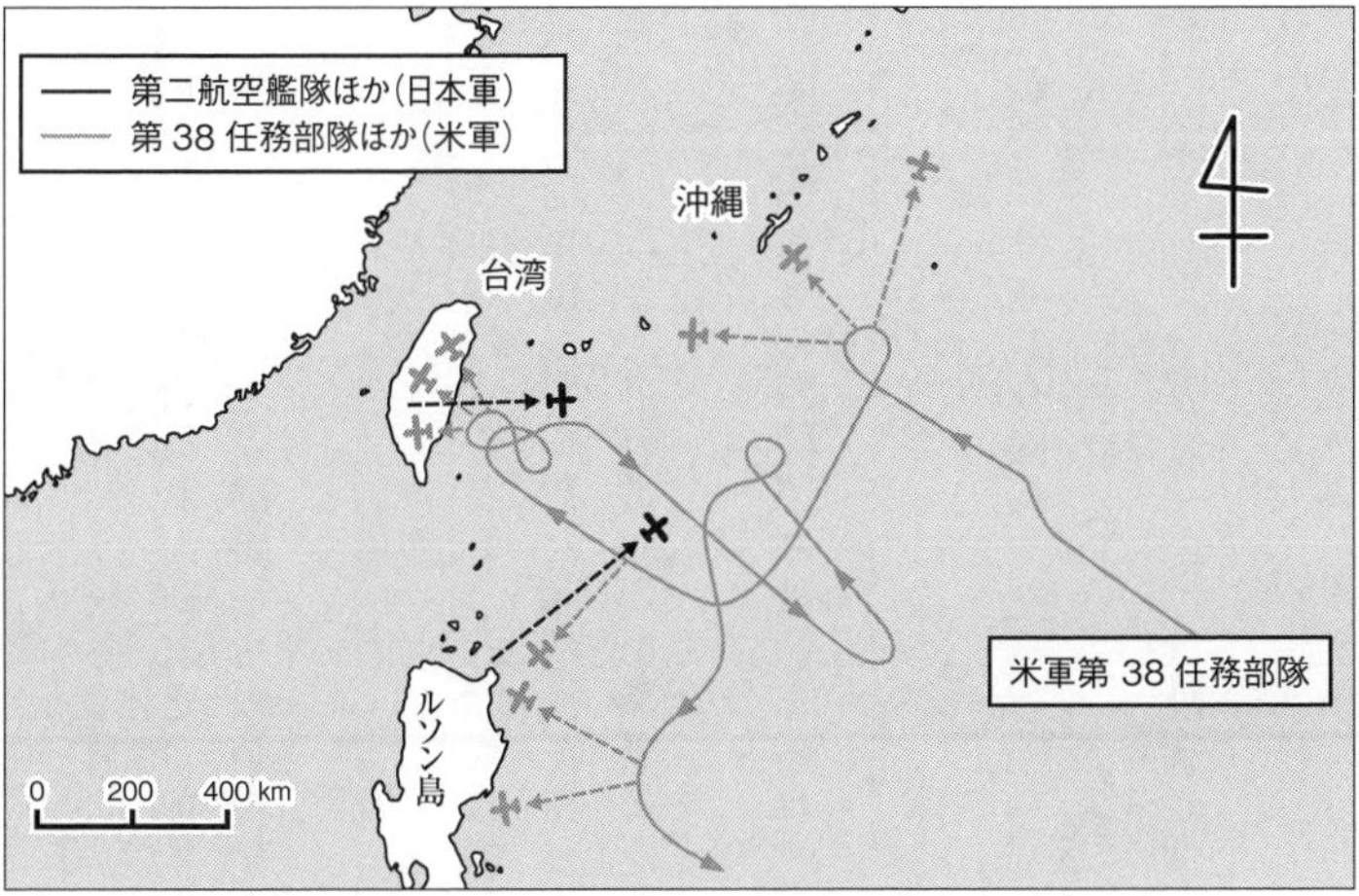

フィリピン攻略の前段階として、米軍は台湾や沖縄方面を空襲。日本陸海軍航空隊は全力で迎え撃ち、台湾沖航空戦が発生するが、大きな損害を出した。それればかりか、過大な戦果を喧伝したため、陸軍に正しい戦況が伝わらず、残り少ない航空戦力をすり減らし、海軍の航空作戦にも支障をきたすなど、きわめて悪い影響だけが残った。

となってしまった。

飛行機、そして搭乗員を失ったことは我が国にとって大打撃である。日本海軍は、マリアナ沖海戦でほぼ全滅してしまった搭乗員たちのかわりになる兵を、もう一度、一からつくりなおした。

一からである。

練度の高い搭乗員などができるはずもない。即席で教育し、やっと母艦から飛べるようになったかという未熟な搭乗員たちを背に腹は代えられぬと、台湾沖航空戦に送りだしていたわけだ。まだ若い、ほとんど経験のない搭乗員たちである。結果は、先述のとおり、みな撃たれて墜ちていった。

海軍はのちに戦果誤認を悟るものの陸軍には伝えられず、フィリピン方面の戦いに重大な齟齬《そご》をきたすことになる。


こうして台湾沖航空戦時は2000機あった飛行機も、200機ほどとなった。そんな壊滅的な状態で日本が臨んだのが米軍によるフィリピン・レイテ島への上陸である。だがどんなに困難な状況でも、フィリピンだけは死守しなければならなかった。飛行機がないとわかっていても、いや、だからこそ我々はレイテへ向かったのだ。レイテの南方地区に日本海軍の燃料のもとである油があったからだ。

これを奪われたら日本は戦争ができなくなる――詰み目前だった。

捷一号作戦、発動

マリアナ沖海戦が終わり、各航空部隊は内地へ、そして我々水上部隊はリンガ泊地へ帰投して、次期作戦に備え待機の状態であった。

リンガ泊地というのはシンガポールから南へ80キロにあり四方を小島やサンゴ礁に囲まれ重油の補給地も近く、給油も容易であったので連合艦隊は常時、前進根拠地として使用していた基地である。

この間、大本営においては次の米軍の侵攻作戦に備えて捷号作戦要領を定め、これを発表して次のごとく各地区ごとに迎撃作戦を行うこととし、準備を進めていた。

一、捷《しょう》一号作戦　敵がフィリピン方面に来襲した場合

二、捷二号作戦　敵が九州、南西諸島、台湾方面に来襲した場合
三、捷三号作戦　敵が本州、四国、九州、小笠原方面に来襲した場合
四、捷四号作戦　敵が北海道方面に来襲した場合

昭和19年10月10日、我が海軍の偵察機から
「ホーランジアに空母多数を含む大輸送船団集結中」
という緊急電が入電した。ところがこの船団は翌10月11日にはいずれかに向けて出航してしまい、その後必死の偵察にもかかわらず、杳《よう》として消息を絶ってしまったのである。

10月12日台湾沖航空戦が勃発し、前項に記したとおりの結果で終了した。この時、我が海軍の所有する航空機はわずか200機に満たない、皆無に等しい状況にあった。
台湾沖航空戦の余燼《よじん》もまだ覚めやらぬ10月17日、レイテ島は、朝から有力な米空軍の猛爆撃をうけ、間もなく米艦隊が出現して至近距離から艦砲射撃を開始した。この艦砲射撃は猛烈を極め、夕刻まで執拗に行われた。そして翌18日の払暁、マッカーサーの率

いる大軍が雲霞《うんか》のごとく押しよせ上陸を開始し、午後には米上陸軍の先頭部隊は我が予備隊の第一隊を突破し、日本が造成・整備を完了したばかりのタクロバン飛行場に向け進撃を開始したのである。

大本営は米軍の企図を、レイテ島を足がかりとしたフィリピンの奪還と判断し、10月18日に捷一号作戦発動を命令した。フィリピンは戦争遂行に必要な南方油田地帯および資源地帯と日本の中間地帯にあたる。ここを占領されたら日本はもはや戦争自体が実施不可能になる、絶対に譲れない要衝《ようしょう》である。

捷一号作戦の骨子は、連合艦隊の総力をあげて10月25日レイテ島に突入、在泊の米艦艇、輸送船そしてすでに上陸を果たしている米兵を殲滅するというものであった。

かくしてレイテ沖海戦の幕は切って落とされたのである。この海戦に参加した兵力は次のとおりだ。

(一) 突入部隊（総指揮官 栗田《くりた》健男《たけお》中将）（第一遊撃部隊と呼ぶ）

イ．栗田艦隊（第一遊撃部隊主力）

（栗田中将直率）

連合艦隊所属の戦艦、巡洋艦、駆逐艦など、作戦可能な全艦艇　計32隻

ロ・西村《にしむら》艦隊（第一遊撃部隊別動隊）

速力が遅く栗田艦隊と同一作戦行動不能の旧式戦艦

旧式戦艦2隻ほか、重巡洋艦1隻、駆逐艦4隻　計7隻

ハ・志摩《しま》艦隊

台湾・馬公に待機中の艦艇

重巡洋艦2隻、軽巡洋艦1隻、駆逐艦4隻　計7隻

以上総計46隻

（二）囮艦隊（小澤治三郎中将指揮）

空母4隻、航空戦艦2隻、軽巡3隻、駆逐艦8隻

レイテ沖海戦を控えブルネイで待機する、手前から戦艦「長門《ながと》」、艦首のみが見える小ぶりの艦が、航空巡洋艦「最上《もがみ》」、続いて戦艦「武蔵《むさし》」「大和《やまと》」。航空戦力が壊滅した状況において日本海軍の切り札は戦艦しかなかった。「現地は暑かった」という深井氏の証言を聞くと、不鮮明なこの写真すら当時の空気をまとう。

搭載機数は、戦闘機・爆撃機合計108機

計17隻

(三) 基地航空部隊

比島基地保有機数

偵察機・戦闘機・爆撃機、合計約150ないし、200機

突入部隊、ブルネイを出撃

私は当時「大和《やまと》」副砲長として、この作戦に参加し、10月22日のブルネイ出撃以後数日にわたる不眠不休の熾烈な戦況を、身をもって体験した。したがって当時の手記と記憶をもとに大勢の戦況を中心に、この突入作戦について記述することとする。

10月21日、突入部隊の栗田艦隊はブルネイ湾に集結した。

天候は快晴、気温31度、ブルネイ湾は大木が生い茂り黒いように見える木々が白砂の

海浜を覆って海岸まで迫っている。海面は油を流したように波ひとつない。栗田艦隊の各艦はそれぞれの位置に投錨《とうびょう》して、明日の出撃準備に忙しいはずなのに、訓練中の毎日と異なり、まったく静かで無人船の集まりのようだ。時々、心地よい風が海面にシワのようなさざ波を立てながら通りすぎていく。

戦艦「大和」艦内では明日からの戦闘に備えて各持ち場の兵器の調整を再確認している。また一方で、可燃物の陸揚げ、投棄を徹底的に行った。

作業終了後、受け持ち区域をまわってみると、いつも使っていたあの長い食卓も椅子もすべて陸揚げされて何もないがらんどうになっていた。夜半、当直を交代して私室に戻り明日からの激戦に備えて、ひと眠りしようとしても朝まで眠れなかった。

10月22日、「軍艦旗掲揚《けいよう》」(海軍では毎朝8時にラッパの音とともに軍艦旗を場揚する儀式が定められている)後、ただちに「出港用意」「錨を上げ」と号令が次々とかかる。

前夜からの情報によりブルネイ湾口付近には、必ず米潜水艦が網をはって待ちかまえているものと覚悟していたので、総員戦闘配置につき、厳重な見張をつづけながら湾外へ出た。その後、高速でジグザグ航行を行いながら北進する。部隊の全員がすごく緊張しているためか、何か浮遊物があると米潜の潜望鏡に見えるらしく、多数の艦から「敵潜望鏡発見」

という緊急信が次々と入電してきたが、これはいずれも誤認であった。

栗田艦隊は高速を活かしてこの海面を駆け抜けたので、午後にはほとんど米潜の情報も入らず、無事予定のコースを進撃した。

ところが夜になると米潜の情報が急に頻繁に入りだし、夜半以降は米潜同士が連絡しあう無線電話まで傍受できるようになった、複数の米潜が至近距離におり明朝に必ず襲撃してくるものと判断されたのである。

「大和」においては夜半より、全員戦闘配置につき厳重な警戒を行いつつ、夜明けを迎えた。

大惨事が起こったのは23日の朝6時28分であった、場所はパラワン水道の中央付近（現在、中国が浅海を埋め立て、海上基地を造っている南沙諸島とパラワン島の間の狭水道）である。東の空が明るくなり始め、僚艦の勇姿も判然と見えだしたので、毎日の日課としている砲戦訓練を開始した。旗艦の重巡洋艦「愛宕《あたご》」がちょうどいい位置にいたので、これを

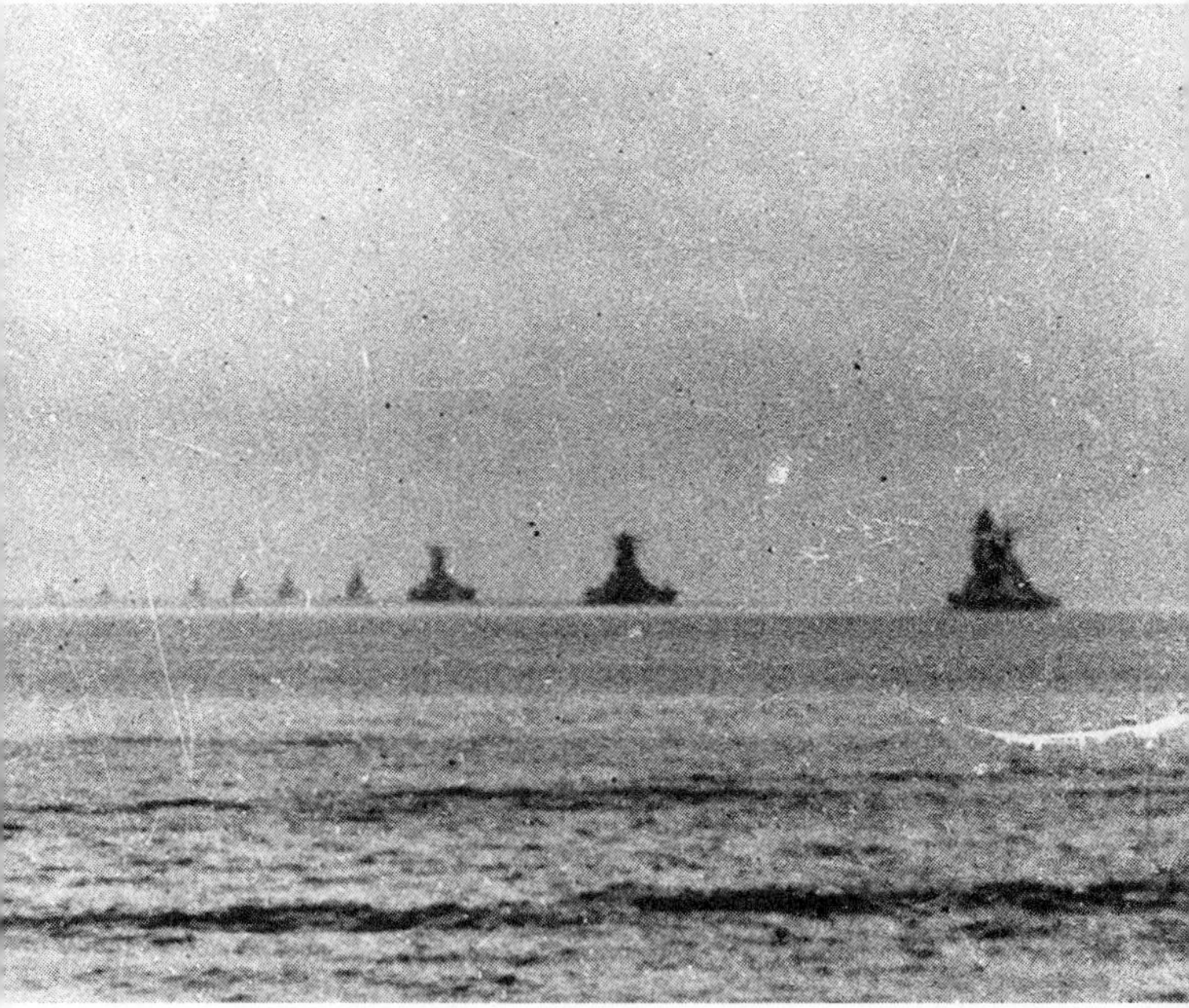

出撃していく栗田艦隊。米軍との戦力差は懸絶しているが、威風堂々たる単縦陣から敗北など想像できない。深井氏も必勝の士気高く、「大和」で配置に就いていた。しかし、これらの艦の半分も、還ることはなかった。

仮想目標として
「右砲戦」

「右六〇度愛宕」

と号令をかけ、観測用の望遠鏡で「愛宕」を捉えた瞬間、「愛宕」が閃光とともに黒い煙につつまれ、続いて白い煙を空高くあげて大爆発を起こしたのである。

しばらくして「愛宕」は姿を現したが、右に大きく傾き、後部がやや沈み火災を起こしていた。乗組員は忙しく立ち働いていた。栗田艦隊はただちに駆逐艦2隻に「愛宕」の救助を命じ、残余の部隊は全速力まで増速して現場を離脱した。「愛宕」はその後救助の甲斐もなく艦尾から沈み始め、艦首が垂直まで上がったかなと思った瞬間、スーッと海中に没してしまった。

時に午前6時53分、魚雷が命中してからわずか25分で姿を消したこととなる。ところが惨事はこれで終わらなかった。「愛宕」沈没直後の6時55分、「愛宕」の同型艦である重巡洋艦「摩耶《まや》」にも魚雷が命中し黒煙をあげて爆発を起こし、また息つく間もなく次の瞬間、今度も別の同型艦「高雄《たかお》」に魚雷が命中、爆発炎上したのである。「摩耶」は轟沈（すぐに沈むこと）、「高雄」は大破して航行不能となった。かくして栗田艦隊は1万

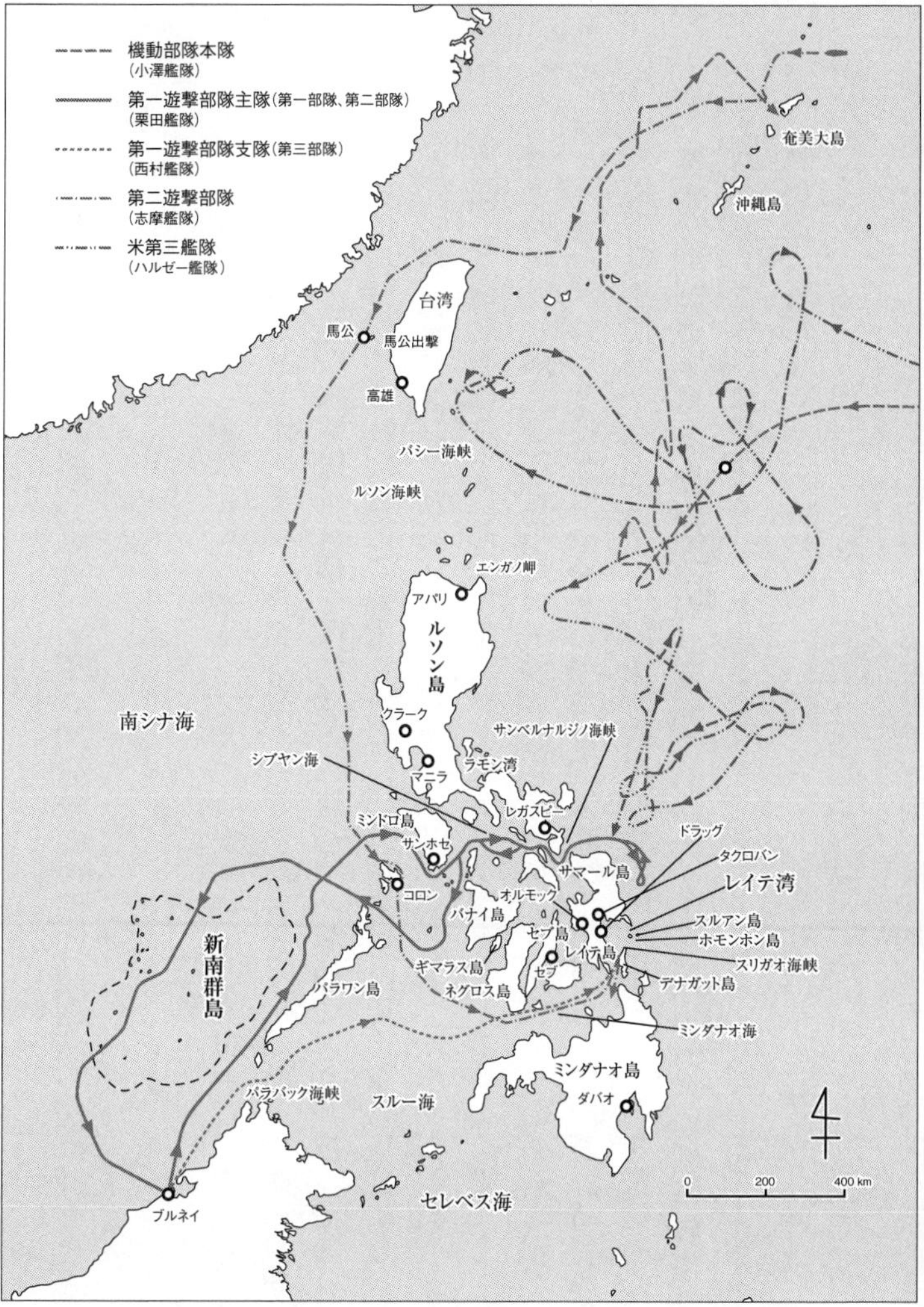

史上最大規模で行われたレイテ沖海戦は、突入のタイミングなどが精緻に決められていた。構想はともかく、次々と変化する戦況を考慮すると複雑すぎ、机上の作戦の感も強い。図がそれを証明するように両軍の各艦隊が入り乱れる結果となった。

トン級の有力な巡洋艦3隻を、わずか30分ほどの間に戦列から失うこととなったのである。

思うにこの大惨事は起こるべくして起こったものとしなければならない。すなわち栗田艦隊のごとき大水上部隊が作戦行動を行うにあたっては、敵潜水艦の攻撃を阻止するため艦隊の上空に対潜哨戒機を配備するのが必須の条件であり、常識である。

ところが、こうした戦術の基本を無視して、栗田艦隊の出撃の直前になって、麾下《きか》の戦艦、巡洋艦に搭載されている下駄バキ（フロートのこと）の水上偵察機、全36機を比島方面の基地航空部隊の指揮下に編入せよ、という命令を大本営が発令していたのである。

当時の基地航空部隊は搭乗員の練度が極めて低く、敵情の偵察飛行も満足にできないといったみじめな状況にあったので、百戦錬磨の実力をもつ栗田艦隊所属の水上偵察機と搭乗員を使い、なんとかして跳梁《ちょうりょう》する米機動部隊を捉え、これを撃滅せんとする趣旨は十分理解できるものであるが、反面において突入部隊である栗田艦隊には対空戦力、対潜戦力を極度に低下させる結果となり、当然のことながら、かかる大惨事を誘起するにいたったのである。

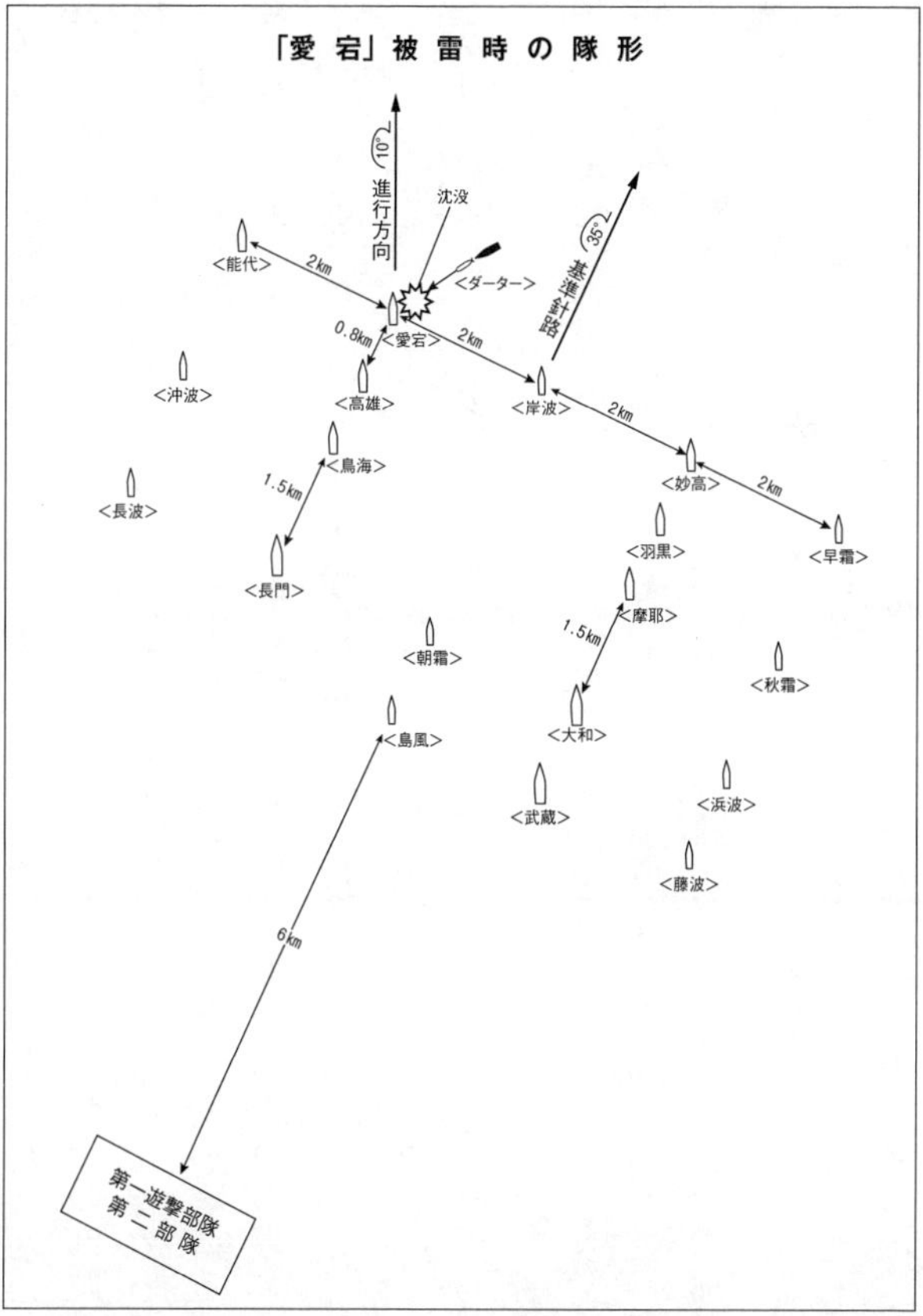

「愛宕」被雷時の隊形

パラワン水道における重巡「愛宕」被雷時の栗田艦隊第一部隊。栗田長官ら司令部要員は、隣を進んでいた駆逐艦「岸波」に収容されたのち戦艦「大和」へと移った。後方の第二部隊に被害はなかった。

アメリカの戦闘記録によれば、当時この栗田艦隊を攻撃したのはわずかに2隻の潜水艦（「ダーター」と「デース」）であったと記されているが、栗田艦隊の油断もさることながら、作戦を指導した大本営の状況判断、そして対潜哨戒を命ぜられていた基地航空部隊に派遣する航空機がなかったことなど、いろいろな問題を含んではいる。

ともかくこの一大惨事は、勇み勇んで出撃したこの突入部隊の出鼻を挫くこととなり、大作戦の前途に一抹の不安を投げかけたことは争えぬ事実であった。

旗艦を「大和」に変更

栗田司令部は重巡洋艦「愛宕」の沈没で大混乱となったが、その多くが戦艦「大和」に収容された。そのため艦隊旗艦を「大和」と変更したが、艦橋内では、右に上級司令部である第二艦隊の栗田艦隊司令部、左に宇垣纏《うがきまとめ》司令官の第一戦隊司令部が並ぶという配置となった。

この旗艦沈没と変更は、栗田艦隊には艦艇の損失以上の痛手となってしまった。小柳《こやなぎ》冨次《とみじ》参謀長は「愛宕」沈没時に負傷、参謀と司令部通信員の約半数が「大和」に移っ

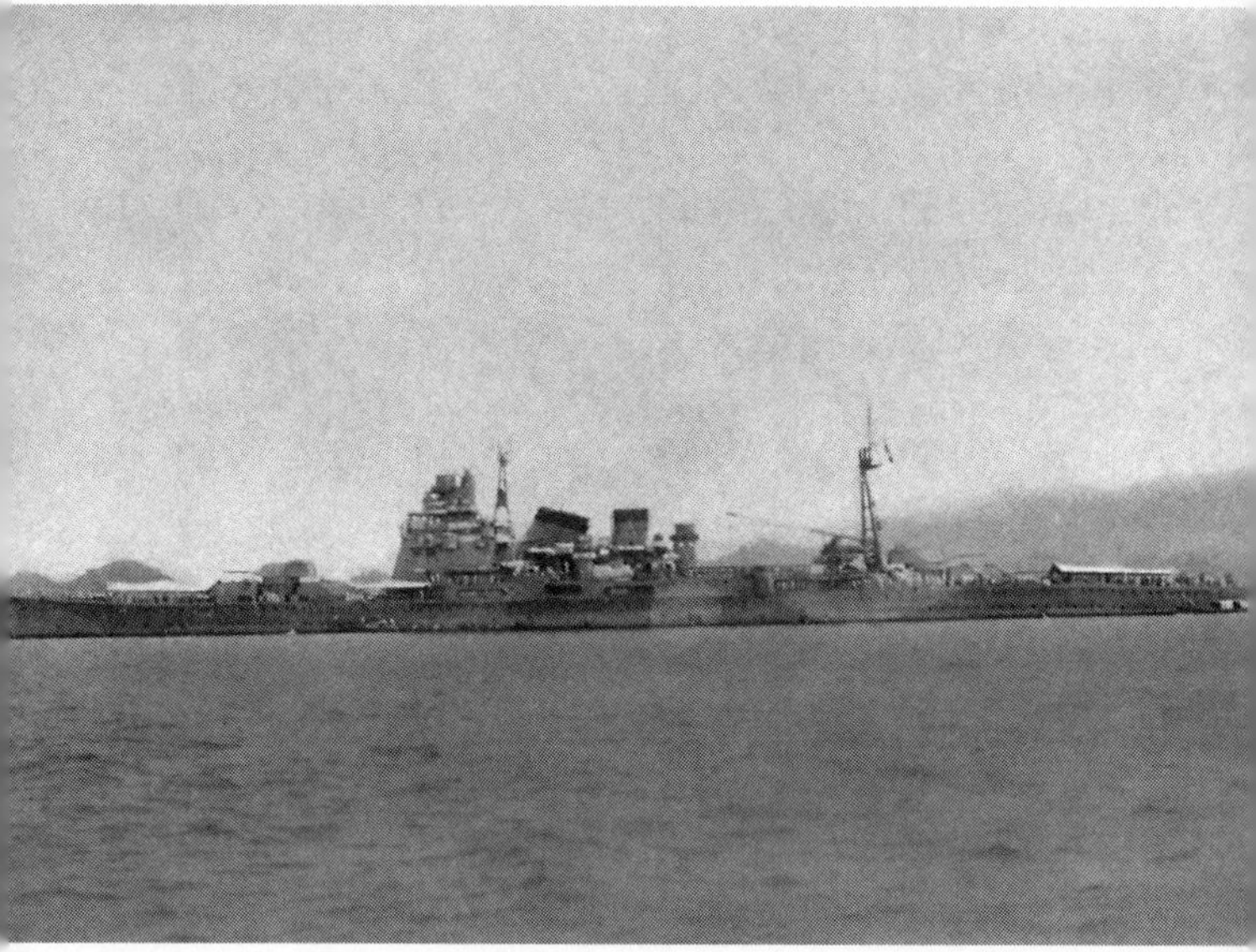

当初、第二艦隊旗艦として出撃しながらも、パラワン水道に沈んだ重巡洋艦「愛宕」。この沈没により、栗田艦隊司令部関係者が散り散りとなったことも、敗因のひとつと考えられている。なお、艦隊司令部は作戦に際して、旗艦を「武蔵」にするよう主張したこともあったが、結果的に変更されることはなかった。旗艦変更がなされていたら、歴史は変わったかもしれない。

た。もともと私は、出撃時から、通信施設の整った「大和」を旗艦にすべきと考えていた。「大和」には艦そのものの通信施設はもちろん、それとは別に艦隊司令部用に完璧な通信施設が用意されていたのだ。

口の悪い戦友に言わせれば、「大きな『大和』に乗っていたら狙われるから、司令部は『愛宕』に乗ったままだったんだ」とのことだったが正直、私も同感であった。

＊　＊　＊

ここで、レイテ沖海戦について重要な役割を担う、栗田中将と宇垣中将について記しておこう。両提督の性格や戦歴なども、のちの「謎の反転」に関わってくる。

まず栗田健男中将は、明治22年生まれの海軍兵学校38期生。水雷畑（雷撃を専門とするコース）を進み、出世には必須とされる海軍大学校を出ないまま司令長官となり、地上勤務もごくわずかな経歴から「海の男」という評価がある。第3章で戦艦「金剛《こんごう》」「榛《はる》名《な》」がガ島飛行場を砲撃したことを記したが、この時の指揮官が栗田司令官、「金剛」艦長が小柳冨次大佐という、のちの栗田艦隊司令部のコンビが指揮していた。

一方の宇垣司令官は明治23年生まれ、海軍兵学校の第40期生。海軍でも有数の大艦巨砲主義者で、開戦時は連合艦隊の参謀長であった。敢闘精神の横溢《おういつ》した性格や振る舞いで「黄金仮面」とあだ名されていたが、日本海軍の最強戦艦を集めた第一戦隊の司令官は適職だったと思う。言葉を交わしたことはほとんどなかったが、私にとっては剛毅《ごうき》で頼もしい司令官であった。大戦末期、砲術とは無縁の第五航空艦隊司令長官となり、多くの特攻機を送り出した。終戦の日、最後の特攻機に搭乗、沖縄に突入して散華《さんげ》している。

＊　＊　＊

重巡洋艦「愛宕」が沈没して海に投げ出された栗田長官は一時、駆逐艦「岸波《きしなみ》」に収容されて「大和」へと移乗してきた。その際、当然ながら艦を止めなければならない。潜水艦からしてみれば、その間の「大和」は絶好の標的である。そのため、私は副砲指揮所で大砲を動かして周囲を警戒しなければならなかった。この見晴らしのいい指揮所から、栗田長官の様子を眺めていたわけだ。

栗田長官は「岸波《きしなみ》」から乾舷《かんげん》の高い「大和」に道坂を使ってロープで引き上げられたが甲板に立てず、両方から兵に抱えられて長官室に消えていった。濡れネズミのような姿は覇気に欠け、およそ1時間後に艦橋に姿をみせても、時おりぷるぷると脚が震えていた。椅子に座ったまま発言もなく、乗艦が撃沈されたせいもあるが、ずいぶんと動揺しているように見えた。「これが我々の指揮官か」と、情けない気分になってしまった。

戦後、

「レイテ沖海戦では疲労などしなかった」

という趣旨の発言をしておられたが、震える姿を見ていた私には信じがたい。

戦友と私は、以前から「あの人はダメだぞ」と噂をしていた栗田中将の姿を見て、これからの激戦を指揮できるのだろうかといぶかしく思い、張り切っていた気分も萎えるようだったが、なんとか必ずマッカーサーを叩くのだと自分を奮い立たせ、思い直したものだ。

栗田艦隊こと第一遊撃部隊を率いた栗田健男中将。名将と伝えられることはまれで、間近で目にした深井氏の評価もきわめて厳しい。

シブヤン海に米軍機来襲

ようやく平静を取り戻した艦隊は、23日の夜半にミンドロ島の南端を回り、24日にシブヤン海に入った。ここからは米機動部隊の空襲圏内であり、すでに潜水艦の雷撃を受けた以上、米軍機の来襲は間違いないと思えた。

24日は快晴、気温は30度と前日とほぼ変わりなく、昨日の惨劇と混乱がウソに思えるような、風もほとんどない心地のよい朝だった。およそ、戦場とは思えないようだ。しかし上空にはちぎれ雲が浮かんでおり、私は「飛行機が隠れて接近するには好適な空模様だな」と警戒もしていた。

予想どおり朝7時30分、米軍機が飛来して触接《しょくせつ》（航空機が敵艦隊の近くから離れることなく、状況を報じ続けること）を開始した。こちらに制空権がないため、そのまま艦隊上空から離れず、なんともシャクにさわる気分であった。午前10時、飛行機の大編隊を探知したとの報告に私も観測鏡を空に向けてみると、上空に針で突いたような小さく黒い点が無数に見える。やがて点はケシ粒ほどになったかと思うとみるみるうちに大きくな

「大和」「武蔵」「長門」の第一戦隊を率いた宇垣纏中将。万人から親しまれた指揮官ではないが、海軍でも有数の砲術家であり、最後までレイテ突入を主張した。宇垣中将が全体指揮官だったらレイテ沖海戦の様相は変わっていた、という意見も少なくない。

り、米艦上機の大編隊と視認できた。米軍機は栗田艦隊上空を旋回後、太陽を背に攻撃態勢に入ったが、すでに「大和」では私の副砲はもちろんのこと、あらゆる火器が照準を終えていた。

「砲撃始め」

の命令が下されると、まず主砲が対空三式弾を放つ。これは炸裂すると数千もの子弾をまきちらして敵機を傷つける特殊な砲弾で、ガ島でも戦艦「金剛」「榛名」が米軍飛行場に撃ちこんで大損害を与えていた。

敵機が近づくと副砲、高角砲、そして機銃と耳をつんざくような砲声が轟きわたる。主砲射撃の衝撃はすさまじいものだが、私の副砲は大きな衝撃を感じることもなく射撃を続けた。「大和」の周辺には爆弾や魚雷投下による水柱が林立するが、操艦の達人である森下信衛《もりしたのぶえ》艦長は、神技のような回避運動で命中を許さない。

私も以前、当直で艦の針路を指示したことがある。「大和」の指揮に関しては、艦長が亡くなったら副長、副長が亡くなったら砲術長、その後は航海長、通信長、そして副砲長の私という順に、指揮系統を引き継いでいく決まりがあった。これを軍令承行令《ぐんれいしょうこうれい》と

「大和」もまた、砲塔付近に爆弾を受けたが、数万メートル彼方から飛来する砲弾を防ぐための重装甲は、ビクともしなかった。写真は、左に舵をとり、見事右舷への攻撃を逃れている様子。右舷側には、爆弾によると思われる水柱が立っている。森下艦長だからこそ成せる技である。

いう。そのため2時間ほどではあるが、当直で操艦を預かることもある。実際にやってみると、これがとても難しい。前方の漁船を避けようと「取舵《とりかじ》」（針路を左とする命令、右なら「面舵《おもかじ》」）を命じて操舵員が「取舵15度」と舵を回しても、30秒経っても「大和」は曲がらない。操舵員に「舵とっているか」と聞くと間違いなく取舵に向けたという。自動車のようにすぐに曲がってほしいところだが、艦が大きくて舵が小さいこともあり、まったく曲がってくれないのだ。1分ほど経過して、ようやくググッと動く。こうなったら「戻せ」の命令で舵をもとの位置に戻し、さらに面舵にあてる。そうしないと艦は回転を続けてしまう。

森下艦長はこうした指示を、次々と爆弾や魚雷が向かってくる状況で針路を判断して的確に下すのである。爆弾の位置から予測しながら避け、魚雷を察知しては見事に曲がる。さすがの神業であった。

一方これに対し、戦艦「武蔵《むさし》」の艦長は違った。第3章でも書いたが、艦長の猪口敏《いのぐちとし》平《ひら》少将は、大艦巨砲主義の鉄砲屋で、太平洋戦争での対空射撃が当たらないのも訓練不足と言っていた。「大和」「武蔵」の砲力をもってすれば、必ず墜としてやると豪語していた方だったが、いざ実戦ではシブヤン海の米軍による最初の攻撃で魚雷を受けてしま

シブヤン海で空襲を受け、もうもうたる煙を噴きながらも進撃する「武蔵」。航空機の攻撃に対し、攻撃してくる敵機の回避より撃墜を重んじ、しかし果たせなかった「武蔵」猪口艦長の方針が、「大和」との明暗をわけたと深井氏は話す。

う。敵も被害を受けた艦から攻撃するので、被弾した「武蔵」は、ますます攻撃を受けて、急速に戦力を失っていった。猪口艦長は自分が大砲を指揮すれば、飛行機はみんな墜ちると思っていた。

この戦いでは、操艦の技術ひとつで運命が変わってしまったように思う。私は射撃指揮所で副砲の対空射撃を指揮していたが、爆撃を終えた敵機が機銃を撃ちながら目の前を通過してゆく。ふと見れば操縦士が手を振っているではないか、私はぶん殴ってやろうかと思うほどの怒りに震えた。捕虜に接してわかったが、イギリス軍人があくまで紳士であるのに対し、アメリカ軍人はゲーム感覚なのだ。まったく竿でもあれば、エイヤと突いてやりたくなる気分であった。

時間にして18分、長いと感じていた空襲は終わった。被害は「武蔵」と重巡「妙高《みょうこう》」に魚雷各1本が命中、「妙高」は戦線を離脱した。空襲はそれはもうひどいもので、「大和」を描いた映画でも再現されているが、あんな生やさしいものではなく、表現できないほどすさまじい。こっちに爆弾が落ちたかと思うとあっちにも落ちる、さらに飛んできた破片で機銃手が負傷して甲板に血が流れるような、本当にひどいものであった。

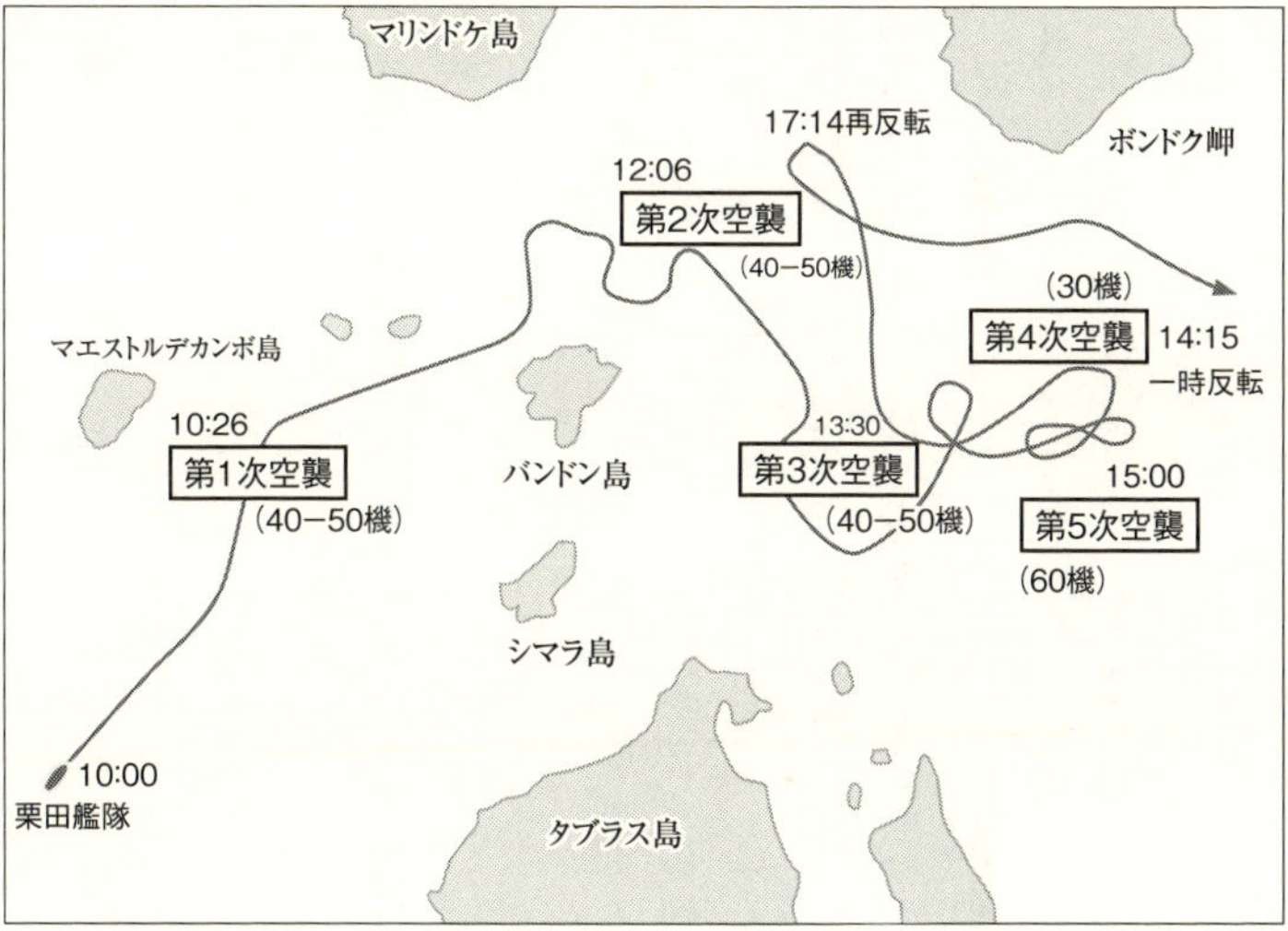

シブヤン海へ進撃する栗田艦隊の図。たび重なる空襲を回避するため、何度も小さな転進をくり返していることがわかる。多くの艦艇が集まりながらも、栗田艦隊が撃墜できた敵機は、わずかであった。

以後ものべ260機、5回にわたる空襲を受けた栗田艦隊は、集中攻撃で満身創痍《まんしんそうい》となった「武蔵」を分離し、コロン島へ向かわせた。「大和」は艦首に爆弾を受け、約6600トンの浸水があったものの戦闘航海に支障はなく、「長門《ながと》」、重巡「利根《とね》」なども多少の損傷を受けた。

落伍した艦の護衛についた駆逐艦を含めると、栗田艦隊は出撃から15隻以上を減じたことになる。


その後、満身創痍となった「武蔵」は午後7時35分に沈んでいったという。栗田艦隊は沈没直前の「武蔵」とすれ違っているが、艦首をグッと沈めて、菊の御紋章の下あたりから白波が立っていた。それを見た私たちは、「武蔵」はもう駄目だと思っていた。

砲術の権威を自認し、空襲に際しても回避運動より対空射撃による撃墜を重視した猪口艦長も、殺到する敵機を前にしては沈没するほかなかった。「武蔵」は「大和」より新しく設備もよかったが、そのぶん経験も少なく、大艦巨砲主義の権化たる海軍砲術学校で艦隊決戦の兵棋演習ばかり指導していた猪口艦長も、操艦では空襲を避けられなかったのだろう。そうした差が明暗を分けたものと思う。

栗田艦隊は、シブヤン海で5回、帰路も含めると11回もの空襲を受けた。シブヤン海での犠牲が重巡「妙高」と「武蔵」だけだったのは、ひとえに「武蔵」が空襲を一身に集めたからである。写真は艦橋正面から撮影された「武蔵」。

囮作戦成功

ちょうどこの頃栗田長官は、戦況を目のあたりに見て、艦隊の損害を顧みず進撃を続けるべきか、あるいは一時西方に退避し、味方航空部隊による攻撃の成果を待って再び進撃に転ずるべきかと非常に迷っていたが、午後3時30分、ついに意を決して、全軍に対し180度変針して西方に退避するよう命令を下したのである。

かくして栗田艦隊は180度変針して西に向かい航進したが、この頃からまったく不可解な事態が起きたのである。午後3時30頃まであれほど激しかった米軍機の空襲が、ピタリと止まってしまったのである。

日没まではいまだかなりの時間があり、米軍にとってはさらに1、2回の攻撃を行っても十分な余裕があると思われるのに、1機の攻撃機も飛んでこないばかりでなく、戦況報告のため接触していた偵察機もいつの間にかいなくなってしまった。

米軍は栗田艦隊が反転して西進を始めたのを見て、栗田艦隊はあまりの大被害に、つ

「鬼瓦」などともあだ名された小澤長官。出撃まもなく、米軍に発見されるべく小澤艦隊は盛大に電波を発信。しかし、のちに出される囮作戦成功の電報が栗田艦隊司令部に届かなかったことが、レイテ沖海戦の死命を決した。……と、従来の戦史は伝えてきたが、深井氏の証言に歴史が揺らぐ。

いに戦意を喪失して退却を始めたと思い攻撃を中止したのか、あるいはまた米機動部隊が、我が基地航空部隊の攻撃により、大損害を受け攻撃不能の状態に陥ったのか、あるいはまたいくらかの急変があったのか、その間の事情はまったく不明であったが、午後5時をすぎても1機の米軍機も飛来しない。さらには大本営をはじめ、味方各部隊からもなんらの情報も入電しないという理解に苦しむ事態を迎えたのである。

さて栗田艦隊は「25日早朝、ほかの二隊とともにレイテ湾に突入しなければならない」という至上命令を受けていたので、栗田長官は敵状まったく不明のままあえて再反転を命じ、突入部隊は勇進して再びレイテ湾に向け進撃を開始したのである。ときに10月24日午後5時30分であった。

それに対し、この時点における米軍の状況はどうであったかを簡単に説明する。

台湾沖航空戦以来、我々を悩ませつづけていた米機動部隊は、ハルゼー提督指揮の第38任務部隊で、この部隊は新式大型空母16隻を4つの部隊にわけて第1部隊から第4部隊までとしていた。そのなかの第1部隊は台湾沖航空戦後、補給のためホーランジア基地に向かって航行中であった。

深井氏に短刀を託した小澤長官は、なけなしの空母4隻にわずかな搭載機を載せて囮任務に出撃した。写真は損傷を受けた空母「瑞鳳《ずいほう》」で、日本海軍独特の迷彩が明瞭に確認できる。

そしてほかの3隊は、ルソン島東方海上にハルゼー提督座乗の第3部隊、サンベルナルジノ海峡に第2部隊、そしてレイテ島沖に第4部隊が配置され、この3つの部隊から栗田艦隊に対し、集中攻撃が実施されていたのである。

ちなみにこの3部隊12隻の空母の搭載機数は合計約800機であった。

栗田艦隊がレイテ湾に行くためには、いかなるコースを選んでも必ずサンベルナルジノ海峡を通らねばならなかった。米軍はすでに我が軍の企図を察知し、これに備えて海峡の出口に、米第7艦隊の主力戦艦4隻、巡洋艦4隻、駆逐艦14隻そのほか多数の魚雷艇、潜水艦を加えた有力部隊を配置して、空から水上からそして水中からとあらゆる手段を整えて栗田艦隊を殲滅すべく待ちかまえていたのである。

一方、栗田艦隊は米軍がかように完全な迎撃態勢を整えて待ちうけているとはまったく知らずサンベルナルジノ海峡に向けて一路邁進《まいしん》していた。

この時点における日本海軍の諸部隊がどういう状況だったかについて確認しておかねばならない。

栗田艦隊とは別行動をとる突入部隊の西村艦隊はすでに発見されて追尾されていた

米軍の攻撃により傾斜の激しい小澤艦隊の旗艦「瑞鶴《ずいかく》」では、乗員の敬礼とともに軍艦旗が降下されると、期せずして「軍艦瑞鶴万歳！」の声があがった。真珠湾攻撃以来、武運に満ちた歴戦の空母が、いま最期を迎えようとしている。

が、10機のB24編隊による高高度爆撃を一度受けた以外、攻撃を受けることなく順調にレイテ湾への進撃を続けていた。
日本の基地航空部隊は前述のとおり、23日中は、天候が災いして米機動部隊を発見することができなかったが、24日早朝の索敵により朝8時、米機動部隊を発見し、ただちに全力をあげて攻撃を敢行した。しかし再び天候に悩まされ、しかも強力な敵戦闘機の妨害にあって一部兵力が目標を捕捉、彗星艦爆が空母「プリンストン」を撃沈したほかは、大した戦果を得られなかったのが実情であった。

また小澤長官が指揮する囮艦隊は、予定どおりルソン島の北東海面に進出し、24日午前10時、米機動部隊を発見し、さっそく攻撃隊を発進した。この米機動部隊は先に基地航空部隊が捕捉攻撃中であった目標とまったく同じハルゼー座乗の第3部隊であった。この小澤囮艦隊から発進した攻撃隊がアメリカの第3部隊に殺到したのは、午後2時頃であったが、ハルゼー長官はこの攻撃機が空母搭載の艦載機によるものであることに気がつき、自分たちの北方に日本の機動部隊がいるに違いないと考えた。すぐに北方海面の索敵を命じたところ、北北東200海里に小澤艦隊を発見し、ビックリ仰天する。

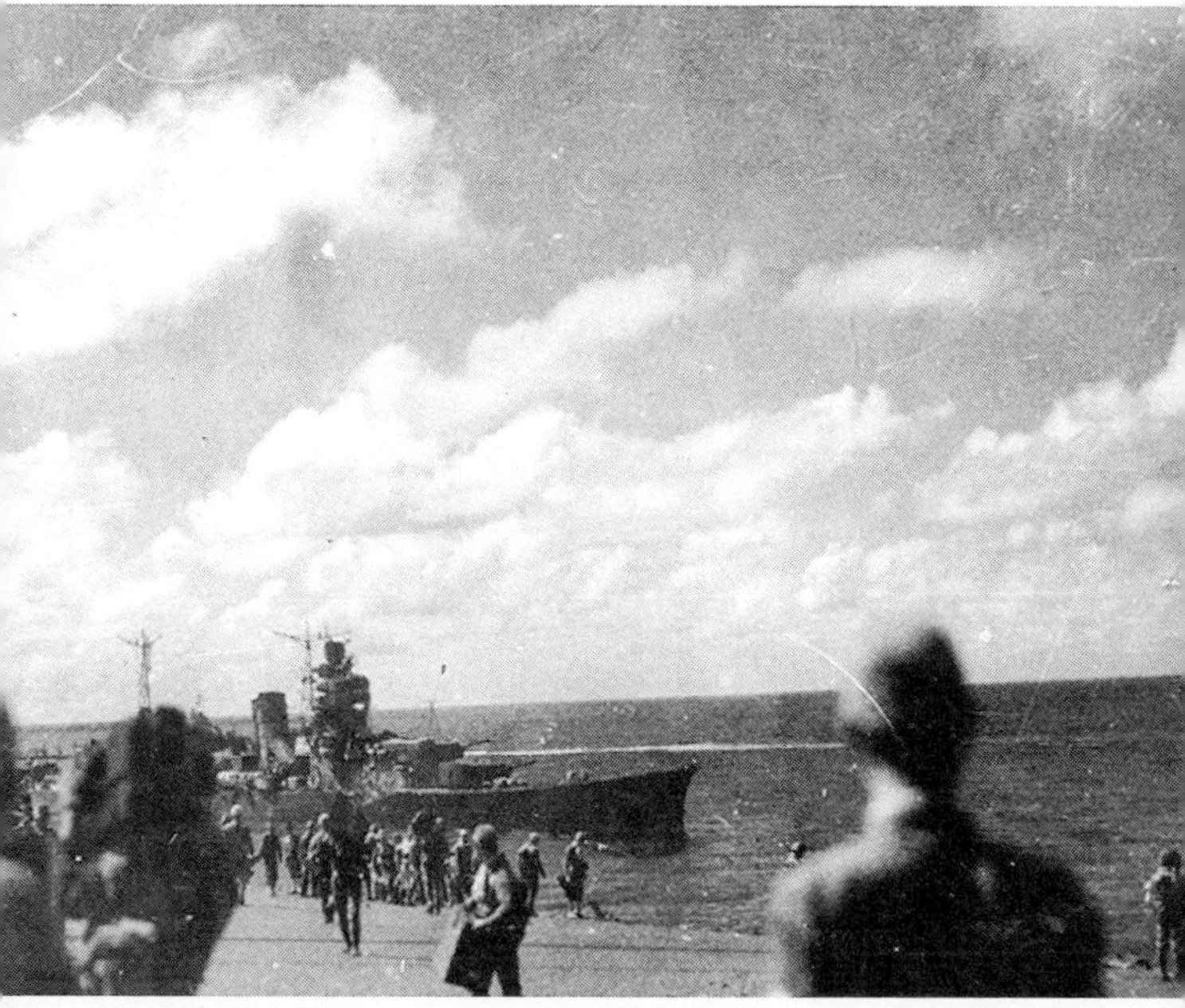

米軍機の猛攻により傾斜した旗艦「瑞鶴」に、司令部関係者を移乗させるべく軽巡「大淀《おおよど》」が近づく。開戦以来ほとんど無傷で戦ってきた歴戦の空母は、このエンガノ岬沖海戦でついに致命傷を受けた。「大淀」への司令部移乗という報告電文を見た深井氏は、囮作戦の成功を確信したのだが……。

米軍の戦史によると、この時ハルゼー長官は戦局を次のごとく判断したと記されている。

第一に、有力な栗田艦隊は、米軍の猛攻撃によって大損害を受けてすでに敗走中である。

第二に、ほかの突入部隊すなわち西村艦隊と志摩艦隊は劣勢で、たとえレイテ湾に突入してきても、レイテ湾に配備した護衛部隊で十分料理できる。

第三は、日本軍の主力は今我々に攻撃をかけてきた機動部隊で、現在発見したのはその前衛部隊であり、必ず第二、第三の有力部隊がその北方に控えているに違いない。米軍の攻撃目標は、当然この有力な日本の機動部隊の本隊であり、日本勢はかなり有力なものに違いない。

ハルゼー長官は戦局を以上のごとく断定し、午後4時以降、栗田艦隊に対する攻撃をいっさい中止し、第1、第2、第3、第4の機動部隊はもちろんのことサンベルナルジノ海峡に待機中の米7艦隊の水上兵力および潜水艦など全軍に対し、ただちに配備を解き、全速力をもって小澤囮部隊を求め北方海面に進撃するように発令したのである。すなわち囮作戦は日本の計画どおり、成功したのである。

かくして、あれほど厳重に封鎖されていたサンベルナルジノ海峡には、米軍の艦艇は1隻もなくまったくの空家同然であったが、栗田艦隊はこうした事情があったとは露ほども知らずもっとも厳重な警戒をしつつ、一向に来襲しない米軍の行動につき、不審に思いながら航進をつづけ、夜半にこのサンベルナルジノ海峡を何ごともなく通り抜けてしまったのである。

時に25日、深夜0時30分であった。

水平線上マスト7本見ゆ

サンベルナルジノ海峡出口において、当然一海戦あるものと覚悟を定めていた栗田艦隊は、敵艦影のひとつすら見ずにここを通りすぎ、レイテ湾へと進撃をつづけ、25日朝6時にはレイテ湾まで60マイル・3時間のところまで進出していた。

25日の日の出は、朝6時27分であったが天候がやや不良でスコールが多く、日の出になっても十分明けきれない状況であったが、その頃から各艦からレーダーが東方に飛行機を探知したという報告がかなり頻繁に入りだし、レイテ湾までの3時間は猛烈な空襲を受けることになるだろうということは、容易に想像できたのである。

ところが6時45分、「大和」前檣《ぜんしょう》の頂上にいた見張員から

「東方水平線上にマスト7本」

という報告が入った。

私も前檣の最高部付近にある副砲射撃指揮所の配置についていたので、さっそく観測鏡を指向して確認したところ、見張員の報告どおり水平線の向こう側にいる艦のマスト7本をはっきりと捉えることができた。

ただちに砲戦の準備に入り、距離の測定を命じたところ35キロメートル強であった。この間に水平線の向こう側から飛行機が1機、つづいてさらに1機が飛び立つのが見えた。空母がいる。

砲戦の準備も整い、いつでも射撃を開始できる状態にあったが、この船団はいったい

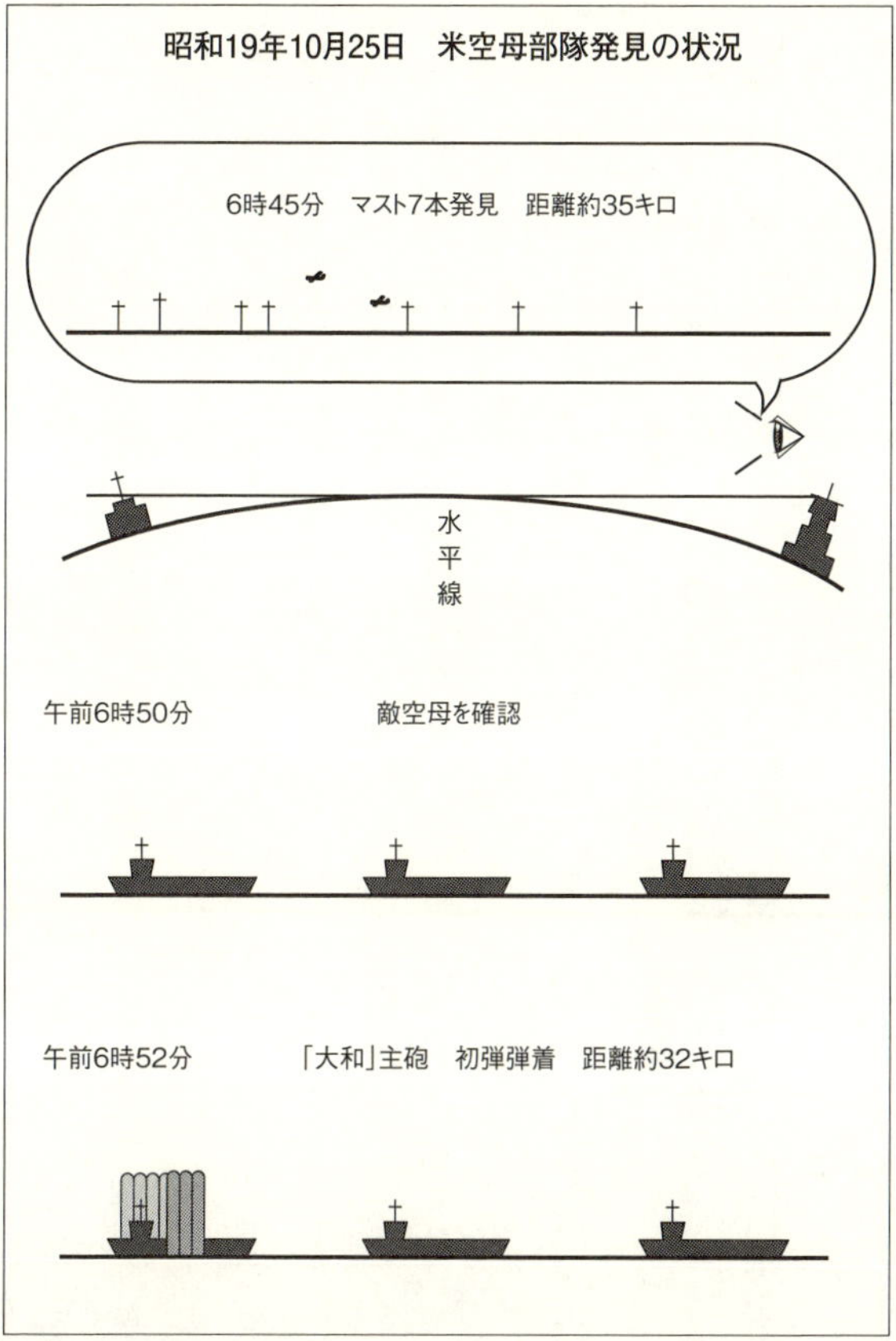

深井氏たちが捉えた敵空母は、大量生産を第一とし建造された護衛空母群であった。低性能の空母と知らず、うれしさのあまり敵に向かって手を合わせた第二艦隊の将兵も数多いと伝えられる。

いかなるものか一向に判然としない。この時点で水平線上の船団が米空母集団だと思った者は、ひとりもいなかったに違いない。ともかく栗田艦隊はこの船団を確認するために全速で東進した。ちなみに、これはレイテ湾とはまったく反対の方向に向かっての進撃である。

目標に近づくにつれ、空母らしい甲板が見え始め、次の瞬間には飛行甲板一杯に飛行機が並び、そして次々と発進している状況が手にとるように見え始めたのである。これこそ我々の目標として、寝る間も忘れたことのない米空母であった。しかもこれらの米空母は、今我々の手のとどく砲撃圏内にあったのである。

朝6時52分、目標発見から7分、「大和」は32キロメートルの距離で主砲の初弾を発射した。

かくして米空母部隊と日本海軍の戦艦戦隊という常識では考えられない取りあわせの海上戦闘が開始されたのである。そして戦艦「大和」「長門」の巨弾が敵の水上艦艇に打ちこまれたのは、今次戦争中これが最初であり、そして最後であった。

「大和」の射撃は平素の訓練の成果を遺憾なく発揮して、第1斉射（斉射とは9門の主砲

「第一戦隊、射撃始め」宇垣司令の命令で、戦艦「武蔵」を欠く第一戦隊の戦艦「大和」「長門」が砲撃を開始、第二部隊第三戦隊の戦艦「金剛」「榛名」も主砲を放った。アメリカ空母の周囲にはすさまじい投射弾量により、水柱が林立した。栗田艦隊の将兵は勝利を確信する。

を一目標に向け、一斉に発射する射撃の方法をいう）から命中した。美しい緑色の水柱がサァーと上り、スーッと消えると目標の空母はたちまち艦尾をガックリと下げてなかば水没し、大きく右に傾いた。
「大和」はただちに2番目の空母に対し射撃を開始、「長門」もこの目標に向けて射撃を開始した。この空母のまわりには「大和」の緑色の水柱と「長門」の赤色の水柱が林立し、これぞ「砲戦」というまことに感激的な美しい光景であり、何かしら溜飲《りゅういん》の下る思いであった。

多数の戦艦が砲戦を行う場合、同一目標に複数の艦が射撃を集中すると、着弾の際に上がる水柱が自艦のものか他艦のものかが区別できなくなるので、各戦艦ごとに異なる色が割り当てられていた。「大和」は緑、「長門」は赤で、このような弾丸を着色弾といっていた。

朝7時、栗田長官は全軍に突撃命令を発令した。
さて米軍の空母部隊は、まったく予期もしなかった日本艦隊からの突然の攻撃を受け

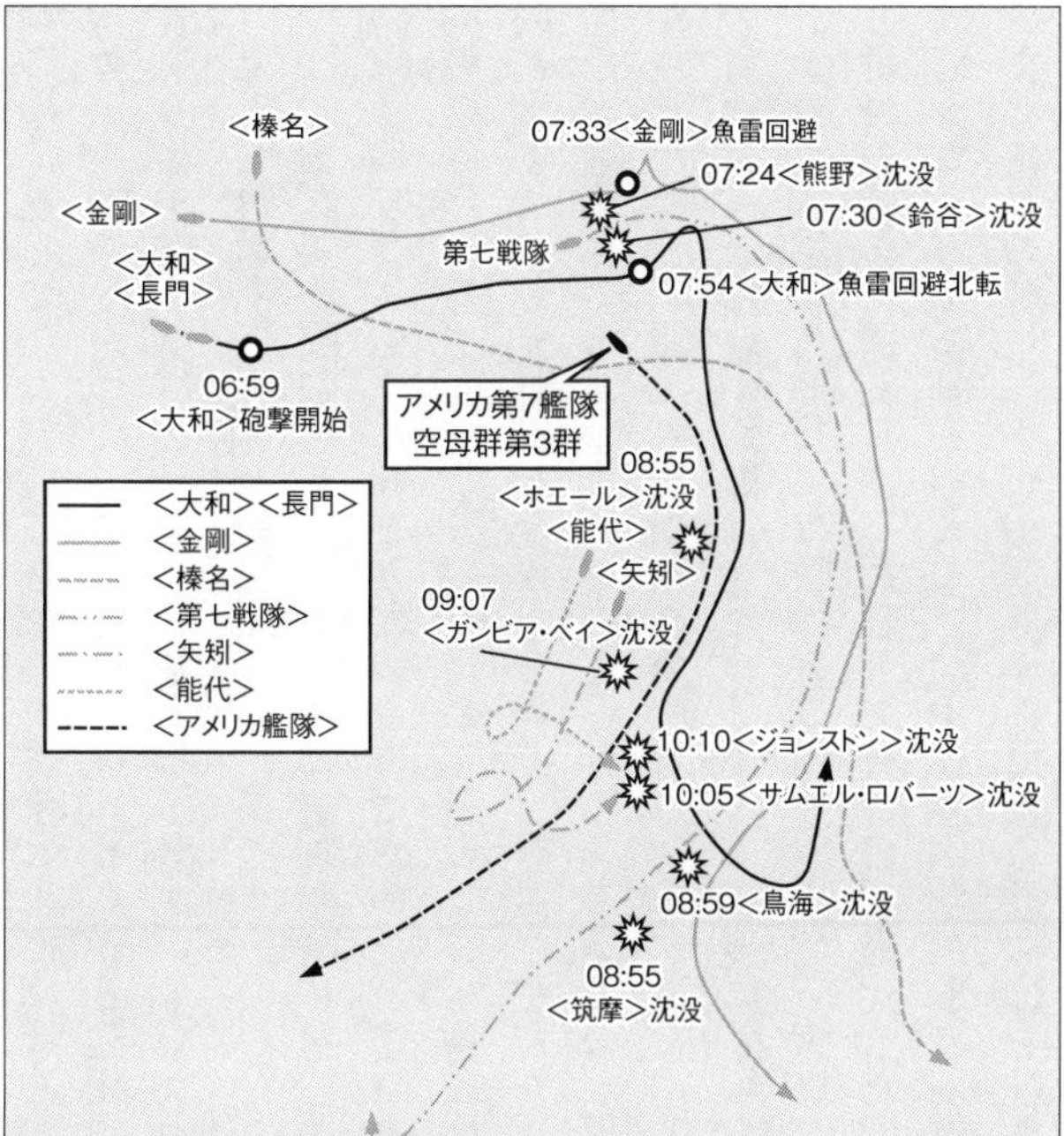

予想もしなかった会敵と咄嗟の戦闘となったサマール沖海戦は、戦況の把握が困難で、正確な戦果もわからない。「大和」では、深井氏の指揮する副砲が命中弾を得たことは確実視されており、深井氏は砲術士官としての矜持を示した。

て、狼狽の極に達していたが、彼らにとってまことに幸運なことに東方近距離に非常に大きなスコールがあったので、このなかに逃げこもうと必死であった。

また護衛の巡洋艦3隻が、まことに見事な連携プレイをもって空母部隊を隠蔽するために黒々とした煙幕を張り始めたのである。

「大和」は、ただちに副砲をもってこれに砲撃を開始した。偽らざる心境を記せば、この時の砲撃戦はじつに痛快きわまりないものであった。当時の「大和」は対空兵装増備のため両舷の副砲を撤去しており、前後の1番および4番副砲を搭載するのみだったので、同時に発射できる砲弾が12発から6発へと半減していた。命中率の点からは、できれば9発は発射できるのが望ましい。だが、この戦いでは射界の制限もなく、全門斉射が可能だったため、6発でもたびたび命中した。

最初の目標は、先頭艦で距離は10キロメートル程度の手頃な距離にあったので、射撃の効果も十分で、第4斉射目には目標艦は白煙を上げ、大破して航行不能となった。引き続き2番目の艦を目標として、これも7斉射目に轟沈した。

射撃は迫ってくる米艦艇と「大和」がすれ違いながらの反航射撃で、彼我の態勢は短時間で目まぐるしく変化したが、射界から外れる前に煙を吐かせることができた。我な

サマール沖の「大和」。また、咄嗟の戦闘でありながら深井氏の指揮は落ちついていたと元部下の市川通雄氏の証言がある。深井氏曰く「慌ててもしかたないから」とのことだ。実状はともかく、目標を米軍の大型正規空母と誤認していた司令部にとっては満足のゆく戦闘であったようだ。主砲を振り立てて戦う姿から、歓喜の声が聞こえてくるようだ。

がら快心の砲撃であった。戦闘中は命中するたびに部下たちに伝えていたが、毎回「わーっ！」と歓声が上がる。射撃距離も15・5センチ砲に有利な間合いで、主砲に比べて装填にかかる時間が短く、およそ15秒間隔で砲撃できる副砲の持ち味が最高に発揮された戦いであった。この戦闘では、副砲の戦功こそ、評価されるべきであろう。

戦後の米軍の記録によるとこの3隻は巡洋艦ではなく、じつは駆逐艦であり、大破したのは「ホエール」、そして轟沈したのは「ジョンストン」であったと記されている。

その後、栗田艦隊は全軍をもって追撃戦を敢行したのであるが、この目標としている空母部隊から辛うじて飛び立った飛行機と、すでに占領されていたタクロバン飛行場から急遽かけつけてきた応援の飛行機群の執拗な空襲を受けた。さらにスコール、煙幕などに遮られて、なかなか有効な射撃ができない状況が続いていた。

しかし、巡洋艦戦隊や水雷戦隊のように高速を有する軽快部隊は急速に前方に進出して、空母部隊を近距離まで追いつめ、たちまち空母2隻を撃沈し、さらに多数の空母を撃沈可能な近距離まで迫っていたのである。

米軍の資料によれば、この空母集団は戦時に急造された、いわゆる護衛空母の集団で輸送船団の護衛を任務としており、従って性能も極めて悪く、速力も最高17ノット、攻撃用の兵器もほとんど持っていないというものだった。この時は6隻ずつ3部隊合計で18隻の護衛空母が、我が軽快部隊により近距離まで追いつめられ、スコールのなかに出たり入ったりして逃げまわっていたのが実情であった。

突撃命令が発令された時、「大和」「長門」の両戦艦は砲撃に集中していたが、巡洋艦、駆逐艦などの軽快部隊は全速力で追撃を敢行していたので、「大和」「長門」が射撃を中止した時には、これらの部隊はすでに「大和」「長門」などの視界の外まで進出していた。

置きざりにされた「大和」「長門」は速やかに先行した各部隊に合流すべく一路東南東へと走り続けていたが、途中「大和」の砲撃を先刻受け、沈没寸前の空母「ガンビア・ベイ」を300メートルほどの近距離に見ながら通過する場面があった。この時、機銃員が洋上の米兵を射撃する一幕があった。これを知った森下艦長は当事者を艦橋まで呼び出し、「沈みかけた艦の乗員を撃つような行為は、日本海軍では許されない」と怒髪天を衝きながら鉄拳制裁を加えたと聞いた。私は感銘を受けた。この「ガンビア・ベイ」が急造、小型の護衛空母であることは一目瞭然たる事実であって、従ってこの空母集団は護衛空母集団であることは容易に推察できたのである。

ところが栗田長官とその幕僚は、現在交戦中の部隊は、ハルゼー指揮下の高速機動部隊であると思いこんでいたらしく、32ノットの高速を有する機動部隊を満身創痍で平均22ノットしか出せない栗田艦隊が、いかに追撃しても到底これを捉え、撃沈することは不可能であると判断する。先行した軽快部隊がいかなる状況にあるか、いかなる好条件の態勢にあるかなどをまったく考慮することなく、午前9時11分に追撃を下令してからわずか2時間あまりで、全軍に集結を命じ、艦隊をまとめて再びレイテ湾に向け、進撃を開始することとした。

この時点で彼我《ひが》の態勢を検討してみると、「大和」と空母集団との距離は40キロメートル、先行した巡洋艦と駆逐艦部隊は20キロメートル以内の至近距離に迫っており、なかには数千メートルの目前まで追いつめていたものもあり、しばらくの間に多数の空母を撃沈破し、確実に戦果をあげることのできる状況にあったのである。

軽快部隊の各艦は目の前の好餌《こうじ》に一指もふれることなく、地団駄《じだんだ》をふみながら集結の命に従ったのである。

栗田艦隊が陣形を整え、レイテ湾に向けて、再び進撃を開始したのは午前11時であったが、これからの2時間が我々の運命を決した最重要な時間であった。

これとまったく同時刻、11時にハルゼー指揮の米機動部隊は全力をあげて、小澤囮艦隊を攻撃中であった。仮にハルゼーの機動部隊へ、レイテ湾の米部隊からの救助を求める電報があり急遽反転してレイテ湾にかけつけても、ハルゼーの機動部隊は、栗田艦隊を攻撃するには、少なくとも5時間以上はかかる距離にいたのである。

そして栗田艦隊はレイテ湾まであと2時間半の位置にいた。作戦は見事に成功したかに見えたのである。

栗田艦隊がレイテ湾に向かい進撃を始めてから約1時間はまことに平穏無事な時間が過ぎ、レイテ湾もあと1時間半で到着できる目前にあった。レイテ島は樹木が生い茂っているのであろう、濃い紫色に見え、心なしかレイテ湾と思われるあたりは、薄いモヤがかかり、米上陸軍が懸命に揚陸作業を行っているような気配が感ぜられた。目前には我々の目指す数十隻の輸送船が停泊しているのだと思うだけで、なんともいえぬ感動に、身の引き締まる思いがしたのである。

ちょうどこの頃、栗田長官は日本海軍の、否、日本の運命を決したともいえる一通の電報を受けとったのである。

「栗田艦隊の北90キロメートルに敵大部隊あり、地点ヤキ一カ、〇九四五」というものであった。この電報はその後各部隊の戦闘詳報、発着信記録などあらゆる記録を精査しても、その詳細を明らかにすることのできない、発信者不明の怪電報であったが、この一通の電報がその後の栗田長官とその幕僚の作戦指導に莫大な影響を与えたということを、ここに特筆しておかねばならない。

レイテ突入中止の約1時間前の「大和」艦橋の実情は、次のとおりであった（戦艦「大和」戦闘詳報の一部より抜粋）

午前11時45分、

「長門」観測機を「大和」カタパルトから射出して、レイテ湾内の状況偵察を命じた。

午前11時51分、

「大和」見張員より「172度方向にマスト5本見ゆ　距離38キロメートル」との報告が入った。ちょうどレイテ湾入口のスルアン灯台のあたりである。

午後12時4分、

同見張員より「先のマストはペンシルベニア級および駆逐艦4隻なり」と報告してきた。

午後12時15分、

機動部隊長官（小澤囮艦隊）より「大淀に移乗　作戦続行中」との入電があった。我々はこの電報を見て囮作戦が成功したことを確信することができた。

午後12時17分、

対空射撃開始。以後、米軍30機の一隊と40機の一隊計70機の執拗な攻撃を受ける。

午後12時35分、

「長門」機より「レイテ湾口輸送船35隻あり」との報告を受けた。

午後12時50分、

対空戦闘終了。栗田艦隊は針路320度（北進中）

午後12時58分、

レイテ湾入口北方に籠マスト4本見ゆ（旧式戦艦4隻）

艦橋では12時から午後1時までのわずか2時間の間に各方面からいろいろな情報が入り、これをもとにして状況を判断して適当な命令を出す。これが艦長以下我々士官の任務である。空襲が終わっていよいよ次はレイテ湾突入だ、この頃（午後1時頃）私が知っていた当面の敵情判断はこうだったのだ。

・ハルゼーの率いる機動部隊と有力な水上部隊は小澤囮艦隊の作戦にかかって北方遠距離にいる。レイテの救援には間に合わない。
・レイテ湾の南口方面には「ペンシルベニア」（戦艦）を含む水上部隊がいる。兵力は不明だ。
・レイテ湾の北口方面には籠型マストの旧式戦艦4隻を含む一部隊がいる。兵力不明だが精鋭部隊とは思えない。
・レイテ湾内には約40隻の輸送船がいる。

こうした判断からレイテ突入には湾口南北にいる米水上部隊との交戦は必至である。南の部隊を先に討つか、北の部隊を先に討つかはさらに近接してみないとわからない。そして米艦を撃沈して、レイテ湾に突入だ。

「よしっ」

ところが午後1時10分、栗田艦隊は、大本営および全軍宛に左記の電報を発進した。

「第一遊撃部隊はレイテ泊地突入を止め、サマール東岸を北上し、敵機動部隊を求め決戦、爾後《じご》サンベルナルジノ水道を突破せんとす」。

この時私は、こんな電報が発進されたことは知らなかった。

第6章

栗田艦隊、反転す

反転命令下る

艦隊は午後1時13分、第一遊撃部隊司令長官・栗田健男《くりたたけお》中将の発した
「第一遊撃部隊はレイテ突入をやめ、サマール東岸を北上し、敵機動部隊を求め決戦、爾後サンベルナルジノ海峡を突破せんとす。『地点ヤモ二二ケ　針路0度』」

という命令によって北上を開始していた。

北はレイテ湾とはまったく反対の方向であり、副砲指揮所にいた私は当初、突入の隊形を整えるための一時的な北進と思っていた。事実これまでも陣形を整えるためにたびたび進路変更を繰り返している。

しかし、そうした艦隊運動もなく、あまりにも長く北進が続くので、私はしびれが切れてきた。

「このままでは好機を逸してしまう」

私は嫌な予感がして艦橋に走った。この時すでに同世代の士官も異変を感じて、私の後ろには2人が続いていた。時刻は14時を回った頃だったろうか。記録と照合すると第

卓越した操艦技術とざっくばらんな人柄で、乗員の尊敬を一身に集めた戦艦「大和《やまと》」の森下信衛《やましたのぶえ》艦長。しかし、2つの司令部のやりとりに言葉をさしはさむことはできなかった。

5波空襲と第6波空襲の間、第5波空襲が終わったあたりのようだ。しかし現場の我々には第何波、といった感覚などはなく、散発的に続いていた空襲の間だったと記憶している。

艦橋は異様な空気が支配していた。

すると航海士官が

「副砲長、レイテ突入は中止になりました」

と耳打ちしてくるではないか。

艦橋を見回すと、艦首側に向かって左には第一戦隊司令官・宇垣纏《うがきまとめ》中将(「大和《やまと》」ほか主力戦艦部隊の指揮官。艦隊全体の指揮は栗田中将が執る)が座り、その少し後方に「大和」艦長・森下信衛《もりしたのぶえ》大佐が座っている。右端には栗田長官が座り、その後ろには栗田艦隊司令部の幕僚が何人かいた。当直将校および残りの者は、この海図台の艦長の後ろにいた。

「南へ行くんじゃないのか!」

いまだ状況を理解しかねている私に、宇垣司令官の大きな声が聞こえてきた。誰に問うわけでもなくひとり言のようだが、巨大な「大和」といえど艦橋はそれほど広いわけではない。30畳ほどだろうか。そこに2つの司令部幕僚が詰め、さらに「大和」の艦橋要員がいる。この宇垣司令官の声が聞こえないわけがない。

「大和」艦橋にいる誰もが聞こえているはずだ。

だが、これにこたえるものは誰もいない。

宇垣司令部の上級司令部である栗田艦隊の幕僚はもちろん、栗田長官自身も黙って前を向いたままで、後ろの参謀たちがヒソヒソと話をしている。

宇垣司令官は

「南へ行くんじゃないのか」

「長官、南に行くんじゃないのか」

とつぶやくように、航走する「大和」の艦首を見つめながら、しかし、誰にも聞こえるように何度も大きな声で言う。

森下艦長は憤懣《ふんまん》やるかたない表情だが、前方を凝視したまま言葉を発しない。「大和」艦橋は、まったく異様な雰囲気に包まれていた。宇垣司令官の剣幕に、参謀たちはみな後ろに下がってしまっている。参謀たちが集まっている場所から先に行けるのは、司令部要員や艦の首脳部を除けば、航海士だけだ。だが私は、意に介さず艦橋の奥へと進んだ。艦橋の奥、壁で区切られた区画に参謀たちがいる（左図参照）。

「艦隊はなぜレイテと逆を進んでいるのですか？」

栗田司令部の参謀たちに仲間とともに歩み寄った私は、大谷藤之助《おおたにとうのすけ》作戦参謀に状況を訊ねてみたが、答えはない。

「なぜ北進を続けているのですか？」

通常、海軍で上級者に対してこんなもの言いは許されない。

だが、私はたまらず、艦橋内の気まずい空気を避けるように隅に固まっていた第二艦隊の参謀たちにも問いただした。

すると、

「栗田艦隊の北90キロにある敵機動部隊を捕捉撃滅するために北進中だ」

と言う。

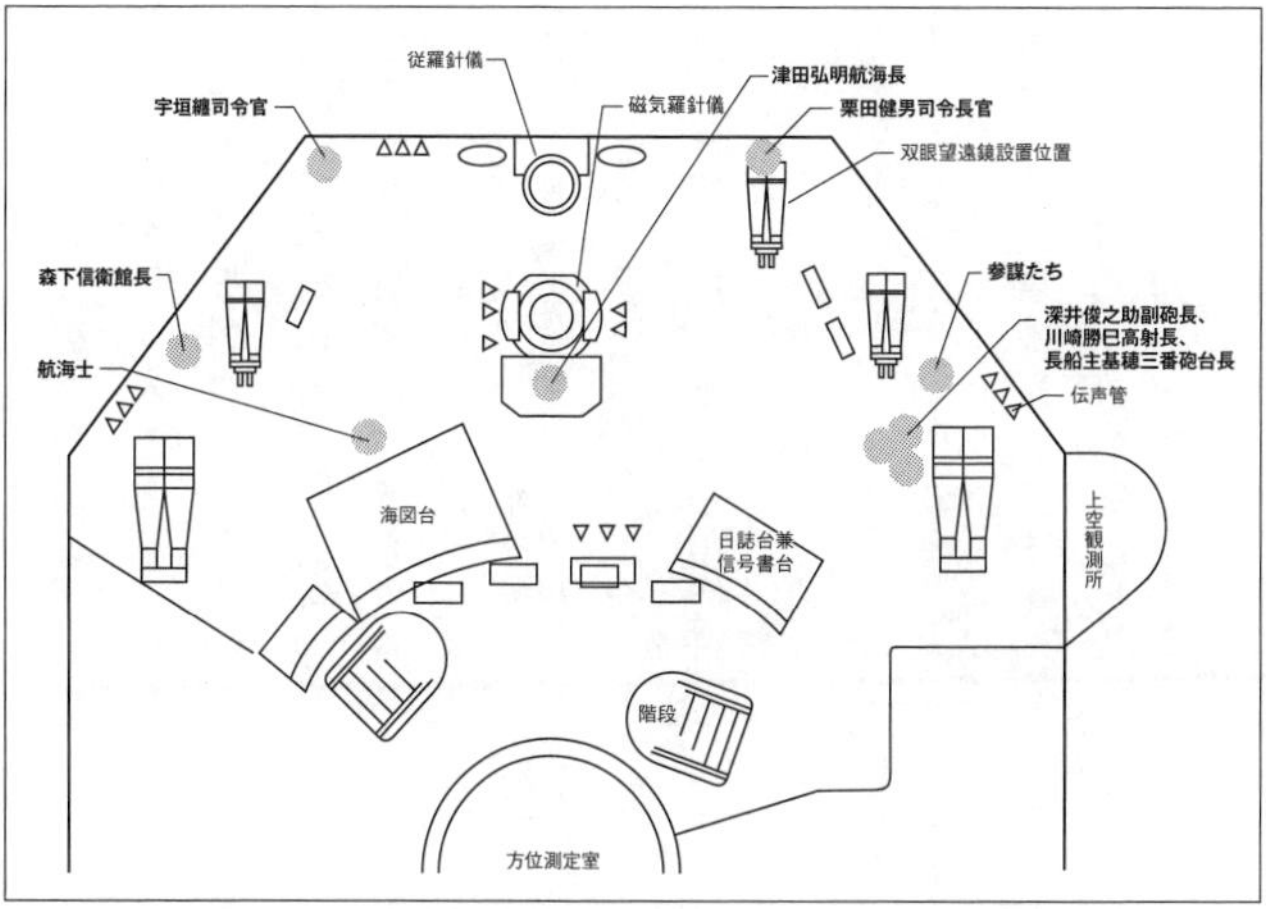

深井氏が船橋で見た光景を図におこしたもの。深井氏は上空観測所近くで大谷参謀と口論になったと語る。

開いた口がふさがらないとはこのことである。

私たちが遂行すべき命令はレイテ突入であり、サマール沖では速力で劣るため、機動部隊に追いつけないから追撃を打ち切ったのではなかったのか。こちらは22ノット程度しか出せない。30ノットは出せる敵機動部隊を90キロも航行して捕捉できると、なぜ考えられるのか。これではすべて無駄になってしまう。今までの苦労も！　小澤艦隊の全滅覚悟の囮作戦も！

——小澤艦隊については、「旗艦を軽巡『大淀《おおよど》』に変更」との電報から、空母が沈められた代償に囮任務をまっとうしたと私は確信していた。しかし、栗田司令部はこれも、しっかりと理解していなかった。私たち現場は、

「ああ、みんな沈んだんだな」

と思っていた——それもこれも、レイテ突入のためではなかったのか。

そのために戦艦「武蔵《むさし》」はもちろん、小澤艦隊の空母群ほか、多くの艦艇が傷つき、それらを見捨てながらここまで進撃を続けたのではないか。レイテを、フィリピンを取られたら戦争の遂行は不可能となる、作戦を成功させるためには生還を期さない、と出撃前に訓辞されたのは栗田長官ではなかったか——。

怒りのあまり、私はそこにいるのが自分より上級者であり、無礼な態度をとれば軍法会議で処罰されることも忘れて、大谷作戦参謀に食い下がった。

「どういうことですか！　なぜレイテに行かないんですか！」

すると大谷作戦参謀は、作戦室に行き、戻ってくると

「これだ！　この敵を叩きに行くんだ！」

と鉛筆で叩きながら電報を差し出したのだ。

そこには

「敵　大部隊見ゆ　ヤキ一カ　○九四五」

と記されている。

だが、発信者は見えない。着信者も記されていない。

こんな電報はない。

艦橋内には私と大谷参謀のおさえた怒号が飛び交う。みなが私たちの会話に注目している。

だが、大谷参謀の話は、まったく合理性を欠いており、おかしな点ばかりだ。

「おかしいじゃないですか！　さっきは追いつけないから敵空母の追撃をやめたんじゃないですか。追いつけると思っているんですか⁉」

「この大部隊が敵の主力だから叩きに行くんだ。お前たち若い者は引っこんでおれ！」

もうお互い喧嘩腰だが、どちらも譲ろうとしない。

もはや話すことはなかった。憤懣やるかたない気分だった。

敵の空襲が始まったので、やむなく私は急いで指揮所に戻り、対空戦闘を開始した。

サマール沖海戦で意気も軒昂《けんこう》、このままレイテに突っこんで、と元気がよかったものが、もはやどうにでもなれという感じで、私は、いっぺんに元気を失ってしまった。

そして、出所不明の「敵　大部隊見ゆ」電報に接した栗田艦隊はレイテを目前にしながら反転、突入の機会は永久に失われたのである。

余談だが、一部戦後の記録にはこの電文いわゆる「ヤキ一カ」電（「やきいちか」と読む。左ページ図参照）を「敵　機動部隊見ゆ」としているものがあるが、これは違う。た

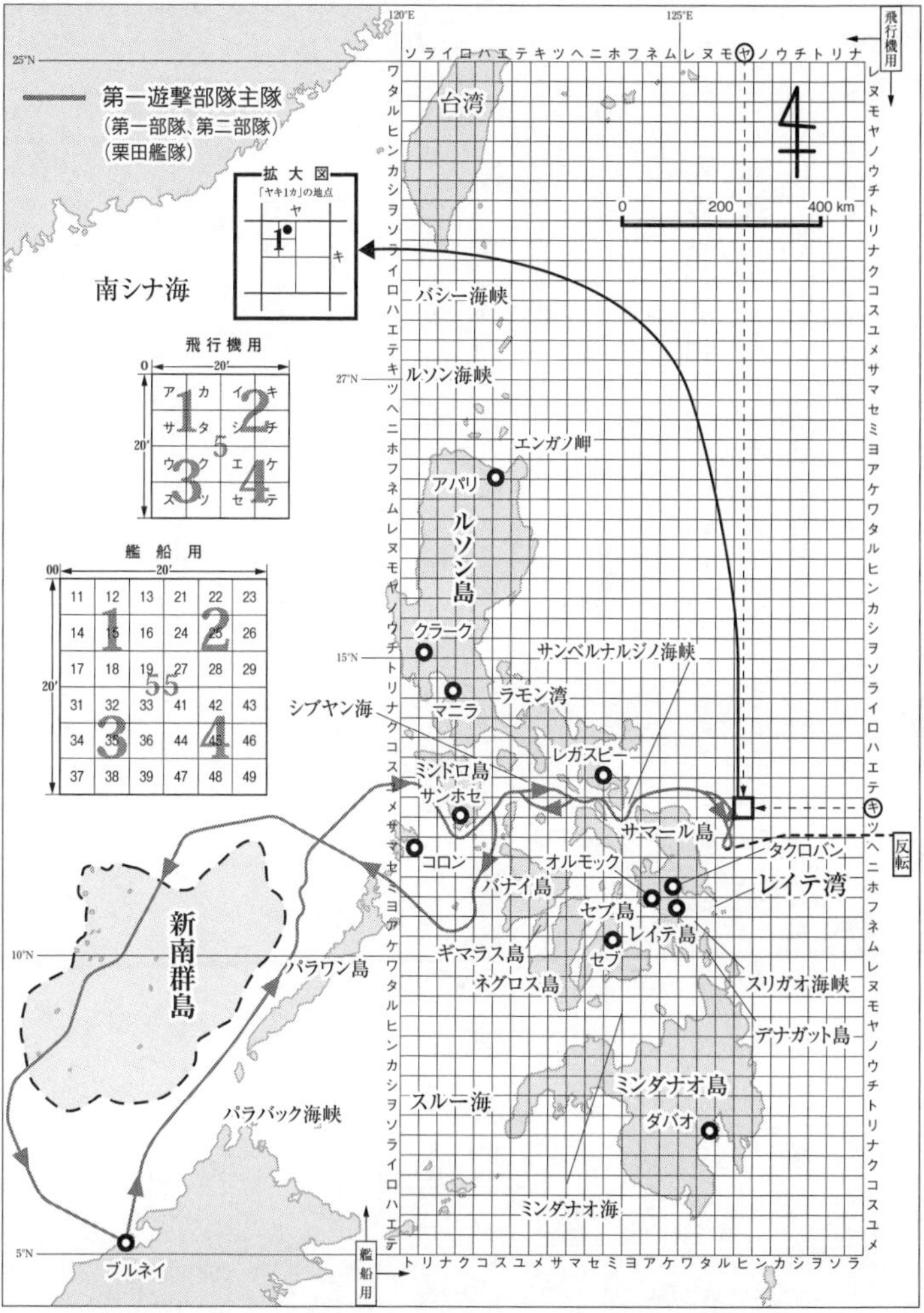

問題の「ヤキ1カ(やきいちか)」の位置を示す図。縦軸と横軸に位置を示す仮名が振られ、場所を示す(「ヤキ」)。さらに、そのなかでも細かく位置を指定する(「1カ」)。この電文で敵を発見した(とされる)のは、航空機であるため、「飛行機用」の記号が用いられている。物的証拠はないが、歴史の変わる瞬間に立ち会った深井氏の証言は衝撃的である。

しかに私が見たものは「敵　大部隊見ゆ」だった。

謎に包まれた電文と反転の真相

結論を先に記す。

「敵　大部隊見ゆ」の電報は大谷作戦参謀が捏造《ねつぞう》したものであったと、私は現在も信じている。

それを裏付けるためには、このいわゆる「ヤキ一カ」電や「大和」の通信環境、そして大谷参謀の手にしていた電報や、さらに栗田艦隊首脳部の人柄についても述べなければならない。

まず栗田艦隊の反転を決定づけたとされている「ヤキ一カ」電だが、この電報は各部隊の戦闘詳報、発着信記録などあらゆる記録を精査しても、どこにも存在しない、栗田艦隊司令部だけにある発信者のわからない怪電報であった。

旗艦となる前提で建造された「大和」の通信施設は充実しており、50〜60名もの要員

「アイ・シャル・リターン」の発言どおり、フィリピンに上陸する米陸軍のマッカーサー大将。栗田艦隊が突入すれば、彼らの運命は悲惨なものだったに違いない。もちろん、「大和」らの艦隊により、レイテ湾周辺の航行が困難となれば、昭和17年の日本軍によるフィリピン進攻時のように脱出することもかなわなかっただろう。

がついている。さらに「大和」用のもの以外に、艦隊司令部のために同じ通信機器がひとそろい用意されていたのだが、重巡「愛宕《あたご》」沈没の際に要員が散り散りとなり、「大和」に乗艦してきた司令部の通信要員は15、16名で、この点からも、栗田艦隊司令部の通信機能は弱かったと理解いただけると思う。

対して個艦としての「大和」通信科は、要員もすべており、出撃後から敵潜水艦の通信を傍受、笑いながら交わされる英会話も傍受していたくらいだから、とても優秀である。余談だが、この時のアメリカ軍の潜水艦は、レーダーを駆使して、我が軍の動向をすべてつかんでいたこともわかった。

そこに来たのが「敵　大部隊見ゆ」の大谷電報である。

なんとこれは優秀な「大和」の通信機器および通信科では受信できておらず、通信要員が一部しかいない栗田艦隊で受信したものという。

そんなことが、あるものだろうか。

さらに発信者も受信者も記されていない電報など、存在しうるものなのか。

当の電報を「飛行機からの発信」とする大谷参謀に、

「大部隊は我々のことで、飛行機乗りは新米だから見間違えたんです」

と私と仲間たちは反論したが、「そんなバカなことはない」とそれっきり口を閉じてしまった。

なお公平を期すべく記しておくが、私が艦橋を降りた時は、同じく栗田艦隊司令部の小柳冨次《こやなぎとみじ》参謀長は、「愛宕」沈没の際に負傷しており、医務室にいて艦橋には不在だった。さらに、大谷参謀より先任の山本祐二《やまもとゆうじ》首席参謀がどこにいたか記憶がなく、戦後の話にも出たことはなかった。

この時のやりとりは、当然のことながら、ずっと艦橋で操艦を受けもっていた航海長の津田弘明《つだひろあき》大佐がすべて聞いていた。津田大佐は戦後、私が移り住んだ岡山の裁判所の前で、金物の卸問屋をしておられた。それがわかって、「津田航海長!」と、訪ねていって何度も会って、何度も話をした。おとなしい性格の人だったが、この時の話で、私の話は間違いないと確信を持った。

津田航海長も「あれは行けばよかったな……」と洩らしておられた。身体が丈夫ではなく、若くして亡くなられたのが残念であった。

そのほか、艦橋にいた人々は突入したいと考えている人と、そうでない人がだいたい分かれていたようにも思う。副長兼砲術長の能村次郎《のむらじろう》さんはもしかしたら、行かないほう派だったようにも思う。おとなしい人だったから。

でも、森下信衛《もりしたのぶえ》艦長もそのお立場ゆえ発言はできなかったが、北進中のけわしい表情から察しても私たち士官に内心

「もっとやれ」

と叫んでいたと思えてならない。戦後、森下さんの娘さんが若い兵学校出の元少尉に嫁いだ際、お会いしにいこうということになった。ところが森下さんが体調を崩され、会えないままとなってしまった。

この話を戦後にできたのは、津田航海長だけだ。とくに私と一緒に、大谷参謀に詰め寄った2人は、戦死してしまった。

＊　＊　＊

再度、戦後の私が抱き続けている持論を記すが、電報は大谷作戦参謀またはその仲間の捏造であり、反転も彼または彼らが仕組んだものだと思う。物的証拠はない。しか

戦艦「山城《やましろ》」「扶桑《ふそう》」を中心とした第一遊撃部隊第三部隊(西村艦隊)は、栗田艦隊が反転したため、彼らだけで予定どおりレイテ湾に突入、壊滅する。絶望的な戦力差にもかかわらず、いくつかの命中や夾叉を得た。小澤艦隊とともに、激賞すべき勇戦である。続いて栗田艦隊が突入していれば、歴史は変わったのであろうか。

し、あらゆる状況から、そう思えてならない。

以下、いくつかの傍証《ぼうしょう》と根拠を示す。

出撃前のことだが、連合艦隊司令部の神重徳《かみしげのり》参謀がマニラに来て、栗田艦隊からは小柳参謀長と大谷作戦参謀が打ち合わせに出席した。飛行機で帰ってきて「大和」の甲板に降りた2人は、パッとしなかった打ち合わせ前と比べてニコニコと喜色を浮かべている。

「いいことあったんですか」

と聞くと、

「途中で敵の主力部隊を発見したら、叩いてもよい」

という許可が出たという。

すでに書いたように捷一号作戦は、米軍の輸送船団や上陸部隊を叩きにいくことが至上命令であり、そのためには艦隊をすり潰すことも厭《いと》わないという作戦である。しかし、司令部は、主力部隊攻撃の許可が反転の口実になる、つまり途中で引き返せると思ったのだ。

戦艦「大和」レイテ出撃時に撮影された一枚。深井氏は最前列一番左に座る。防暑服姿の乗組員たちは、壮絶な覚悟の表情を浮かべている。

栗田長官は、戦後の証言ではすべて自分の判断、自分の決定として、あまつさえ「レイテ沖海戦は俺でないと指揮できない戦いだった」と発言しておられるが、そういう方には見えなかった。指揮をするときも、参謀たちの言うことに「うん」とうなずくだけであった。

また、旗艦「愛宕」の沈没も情勢に悪影響を及ぼした。あれで栗田長官の腰が引けたことと思うし、小柳参謀長は脚を負傷して休むことになった。とはいえ、小柳参謀長もグルである。どちらにしろ彼らの計画は変わらず、大谷作戦参謀が直接、栗田長官と話ができる機会が増えたにすぎなかったのかもしれない……。

さらにはサマール沖海戦後、間もなくレイテが見えそうな距離まで進撃しながら反転した位置と時間である。これは、海図で見ると翌日にシブヤン海を通ってパラワン水道の西へ抜けて敵の航空攻撃を避けうる、じつにきわどいタイミングである。

また、サマール沖海戦についても不可解なことが多い。私たちが持っていた情報だけで護衛空母と判断できた敵艦を、なぜもっと情報の多い司令部は正規空母だと思っていたのか？

大谷参謀は追撃をやめた理由を「（本土に帰還する）燃料がなくなるから」と説明した。何を言っているのかと思った。私や仲間の士官たちは「レイテに突っこんで戦死するつもりで戦うんだ」という覚悟があった。帰りの燃料の心配などする必要はない。

たしかに燃料は消費するが、相手が20ノットも出ない米護衛空母ならば、栗田艦隊の軽快部隊は30ノットで追撃できたはずである。

この敵を正規空母とした理由がある。

そう、敵は低速の護衛空母でなく、高速を発揮できる正規空母としておいたほうが、追いつけないから追撃をやめるという理由付けができる。つまりそのほうが「都合がよかった」からだ。

それでいて北方の機動部隊と決戦するために反転というのだから、こんなおかしな話はない。

つまり、大谷作戦参謀はレイテまで行くふりをして、ある程度のところで引き返そう

――当初からそういう考えに基づいて、計画を立てていたのではないか。
そのために主力部隊攻撃の許可を得たのであり、発信者も受信者も書かれていない「敵大部隊見ゆ」の電報を用意したのではないか。電報を見せられた私は、日本海軍の、日本の運命が個人によって歪曲された歴史に立ち会っていたのかもしれない。

懸案の「ヤキ一カ」電については、戦後の栗田長官は同期である南西方面艦隊司令長官・三川軍一《みかわぐんいち》中将が打った、と信じていたという。しかし、「大和」乗り組みの通信士は電報の存在を知らないと証言しており、これは当時の「大和」作戦室にのみ存在した奇怪な電報なのである。
さらに不可解なことに、この電報は、飛行機からの発信と大谷作戦参謀は話していた。しかし、ほかの艦でも受信が確認できない。邪推《じゃすい》かもしれないが、栗田長官はうまく乗せられ、反転命令を下す結果となったのではあるまいか。

ちなみに「大和」艦内の通信事情に関しては、当時乗り組んでいた若い士官が戦後証言をしていると聞いた。だが、兵学校70期以降の士官は、士官不足のため、かなり早いスピードで昇進しており、「大和」に着任した際に中尉くらいだったような士官にとって、激しく連続する戦闘のなか、自分の仕事だけでも手一杯で、艦内および司令部で起こっていたことを把握する余裕はなかったように思う。

しかも彼は「レイテに突っこんでも米艦隊を倒せなかった」と証言していたという。何を言っているのか、という感じだ。


最初に命令されたとおりに、レイテに突っこんでいたら、と口惜《くや》しくてならない。参謀たちは
「レイテに突っ込んだって、敵の輸送船は兵を揚陸したあとだから空船《カラブネ》で意味がない」

などと話していた。そんなことはない。

レイテに突っこんで、30隻でも40隻でも空船を沈めていれば、何万というマッカーサーの陸軍が上がってても、港が使えなくなる。日露戦争のときの、旅順港閉塞作戦の成功を考えれば、効果の高い話だ。次の輸送船はなかなか入ってこれないし、補給もできない。

右に旧式戦艦、左に「ペンシルバニア」、その間を突っきって陸上砲台になる。我々

は、装甲の薄い副砲だからつぶれてしまう。それでいい。

艦長も「よし」と言っていた。

私たちは全滅したかもしれないけど、5万6万の兵力と兵站《へいたん》補給をするには、何十隻も輸送船が来なければならない。その準備は、いかにアメリカであっても1週間や2週間ではできないのだ。その間に、陸軍が奮戦できれば万々歳だったと、私は今でも考える。

思えば、ブルネイを出るときから、参謀と兵学校出の若い士官たちの意識は違っていた。サンベルナルジノ海峡を抜けたあたりで、参謀たちの腰は引けていた。どちらにしてもレイテで、日本海軍はなくなってしまった。どこで折り合いをつけるかだったはずだ。


物的証拠はないが、消去法ならばレイテ沖海戦における栗田艦隊の反転は、すべて大谷作戦参謀の創作であると考えている。

これが、昭和19年10月25日以来、戦後も長い間、資料や証言の収集に努めてきた私の結論である。

これらについて、90歳ぐらいまでは発言を控えていた。日本海軍の恥ということだけでなく、マスコミが取り上げることによって生存者の遺族、親族が謂われなき中傷にさらされる可能性が十分に考えられたからだ。

そのため私も様々なレイテ沖海戦に関する議論を違うなと思いながらも、「まだ言ってはいけない」と戦後長らく口を閉ざしていた。しかし、あるジャーナリストに「もう先輩方も亡くなったし、90歳になったのだから」と言われ、話す決心がついた。ややもすると故人の名誉にも関わることだが、当時の現場にいたなかで現在も証言できるのは、私が最高齢で最先任、そして最後であろう。ここにすべてを記した。

現在、日本では、官僚が起こす問題が様々報道されている。日本海軍の士官だった私は、同じく官僚機構の中にいた。今も昔も官吏の世界は変わらない。

あの日、私は組織の不条理に直面していた。

日本海軍は、兵学校卒業時の席次（ハンモック・ナンバーと呼んだ）によって出世の順番が決まったが、現在の官僚制度も同じである。優秀な人が必要な力を出せる組織になっていない。融通が利かないのだ。栗田長官がこの大作戦の司令長官になった経緯もこれだ。申し訳ないが、大谷参謀だけでなく、小柳参謀長も似たような人だ。

そして、海軍では「声の大きい」人間が、好きなように振る舞っていた。「大和」沖縄特攻を強引に決めた神重徳《かみしげのり》、陸軍なら軍を私物化した辻政信《つじまさのぶ》のような連中だ。連合艦隊の福留《ふくとめ》参謀長が捕虜になった事件の際にも前述したが、上に甘く下に厳しい。信賞必罰が徹底していなかった。現代の諸問題にも、こういった当時感じたのと同じ問題がそのまま受け継がれていると感じる。


後日談ながら、栗田長官は戦後、反転についてほとんど語ることなく昭和52年に死去。大谷作戦参謀は戦後、参院選に出馬して当選、長らく議員を務めて平成元年に死去した。戦後、選挙の応援を請《こ》われて一度だけ会ったが、

「あんたとはお断りだ」

と言ってすぐに別れた。

「大和」を降りる

不可解な電報を信じてか意図的か、栗田艦隊は敵機動部隊を求めて北上を続けた。

しかし、当然ながら幻の機動部隊を発見できるわけなどない。午後5時27分に「我サンベルナルジノ海峡に向かう」と発信してシブヤン海へと入る。26日午前8時頃　約30機の空襲を受けた。おそらくタクロバンからの統制のとれないバラバラの部隊であろう。大した被害も受けなかった。

第2回目の空襲は12時頃でB24が27機、見事な編隊を組んで向かってきた。この目標に主砲が三式弾（対空用弾丸）を撃った。ところが一発で5、6機がバラバラと堕ちた。主砲でこんなに見事に飛行機を墜としたのは初めてである。B24の編隊はバラバラになり我々の上空にきて適当に爆弾を落として逃げていった。私の感じる限り、「大和」の主砲が有効打となったのはサマール沖海戦における護衛空母「ガンビア・ベイ」への砲撃と、このB24に対する対空戦闘の2回だ。午後になって水道を通って南支那海に出た。もう空襲の心配はない。あとは潜水艦だけだ。

＊　＊　＊

夜の9時半、「大和」では戦死者の水葬を行った。遺体は29体だった。

水葬というのは遺体の頭から足の先まで包帯でグルグル巻きにしてミイラのようにつつみ、そしてその足首に副砲の砲弾をひとつくくりつける。このミイラを舷側《げんそく》から板の上をすべらせてラッパの音〝海行《ゆ》かば〟に合わせて海中に葬る。こうした葬式のことである。

水葬は左舷、右舷、後部と3カ所で行われた。私が立ちあったのは左舷側で9体だったが、そのなかに私と一緒に副砲指揮所で戦った水兵さんがいたからだ。

艦長の

「水葬」

という号令で信号兵が〝海《うみ》行《ゆ》かば〟のラッパを吹く、遺体は静かに水中へと入っていく、水に入ると夜光虫がピカピカッと光る。

やがて白い遺体はスーッと見えなくなる。

ラッパの音がヤケに淋しい。

私はこの時海軍に入って初めて涙を流した。泣いてしまった。

〝海行かば　水漬《づ》く屍《かばね》　山行かば　草むす屍《かばね》
大君の辺《へ》にこそ死なめ　かへり見はせじ〟

＊　＊　＊

かくて、出撃時のような生気は消え、敗残兵のような姿で艦隊はブルネイ基地に帰投した。

栗田艦隊司令部の判断とは裏腹に、サマール沖海戦で4隻程度の米艦艇を沈めた代償に連合艦隊は空母4隻、戦艦3隻、重巡洋艦6隻をはじめ多くの艦艇を失い、損傷艦艇も多く、この戦いのあとは組織的な作戦が不可能となってしまう。

このなかには西村《にしむら》、志摩《しま》艦隊の損害も含まれる。とくに西村艦隊は、栗田艦隊との通信が不首尾だったものの命令を遵守《じゅんしゅ》してレイテに突入。スリガオ海峡の戦いで戦艦「山城《やましろ》」「扶桑《ふそう》」ら旧式戦艦を中核とした7隻の小艦隊は、駆逐艦「時雨《しぐれ》」を除いて全滅した。これに対峙した米艦隊は戦艦6隻をはじめとした大部隊であり、戦後の小澤長官は「あの時まじめに戦ったのは西村ひとり」と評したという。後続の志摩艦隊は、ほとんど戦闘を行わないまま引き揚げている。

レイテ沖海戦は「連合艦隊最後の戦い」と呼ばれることもあるが、それだけの大損害を被って戦いは終わった。

再度問う。

もしレイテに突入していたら、どんな結果となっていただろうか。

現地には数十隻もの敵輸送船がいた。すでに揚陸して空船になっていたとも聞くが、すべて沈めて旅順港閉塞作戦のようにレイテ湾の港を使用不能としてしまえばよかったのだ。そうなると次に輸送船団が到着しても補給や増援も困難となり、上陸部隊は干上がってしまう。この増援の準備は、大国アメリカでも何カ月もかかるものだ。それに「大和」ら戦艦部隊が地上を砲撃すれば、味方の士気はおおいにあがり、敵は畏怖《いふ》したに違いない。戦争の勝利は無理でも戦線は3～4カ月停滞したと考える。

そこで講和の準備ができなかったものだろうか。

原子爆弾の投下も回避できたのではないか。

なにより、レイテ突入に向けてみんなは苦しい戦いを続けたのだ。私の部下や戦友も、何人もが戦死し、傷ついたのだ。


私の手元に、今でもひと振りの短刀がある。レイテ沖海戦の出撃前、「大和」の大尉までの兵科将校に、囮機動部隊を率いた小澤《おざわ》治三郎《じさぶろう》長官から贈られたものだ。前線基地にいた我々宛に内地にいた小澤長官から空輸されてきたのだ。記憶ではリンガ泊地を出港してブルネイに向かう前だから、昭和19年10月18日から数日前の間のことだったと思う。その際、士官室に集められ森下艦長から手渡されたはずだ。

「贈　義烈　小澤治三郎」

と書かれている。

この短刀をいただいた当初は、正直言って「なぜ私たちに？」と疑問であった。

いただいたのは、「大和」の兵科将校のうち、軍令承行令《ぐんれいしょうこうれい》に定められた「大和」の指揮権を継承する可能性のある士官だけだった。

　これが理由である。

　かつて、ミッドウェー海戦の際に、栗田中将はミッドウェー島攻略のための陸軍部隊を乗せた輸送船を護衛する任務を負っていた。しかし、同海戦で敗北が明らかになった際、これらの輸送船を守らず、放置して撤退したことがある。これが問題になって、軍法会議になるかという時期もあったが、うやむやになった。

　そんな前歴のある栗田中将を小澤中将は、信用していなかったのではないかと思う。

　小澤長官には栗田長官が、もしかしたらレイテに突っこまないのでは、という懸念があったのだ。しかも小澤長官は一期上、つまり栗田長官を指揮できる立場にありながら、あえて自分は連合艦隊の直属となって指揮系統を栗田長官に帰すようにして出撃していった。

　そこには、「栗田は俺の命令を聞かないのではないか」という栗田長官への不信もあったのかもしれない。

　だからこの短刀には、私は全滅を覚悟して出撃した小澤長官の覚悟と、お前たちもレ

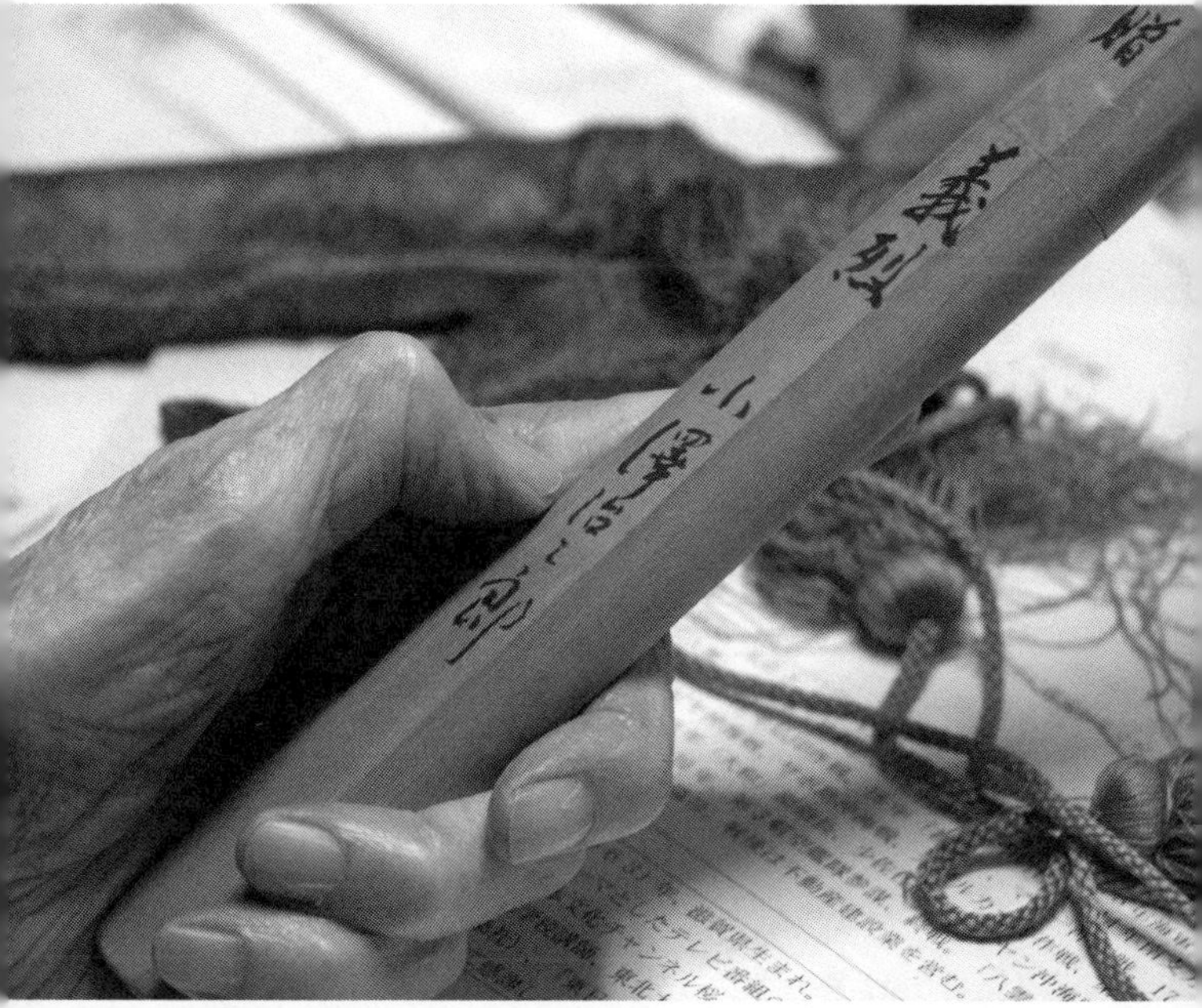

「義烈」の文字も雄渾な、小澤長官より贈られた短刀。当初は「なぜこれが自分に？」と、訝しく思った深井氏も、長官の真意を汲んで敢闘を誓った。全滅覚悟の囮作戦を指揮、成功させた小澤長官だからこそ揮毫《きごう》する資格のある「義烈」の短刀を、深井氏は今も大切に保存している。

イテに突入してくれとの激励がこめられていると確信している。旗艦「愛宕」や「武蔵」ではなく、もっとも有力な「大和」士官に贈られたのはそういったわけだ。

「君ら士官が率先して突入するのだ」

そんな気持ちがこめられた短刀である。


小澤長官自身は、最後の空母機動部隊を率いて出撃、4隻の空母すべてを失いながら米機動部隊の誘引に成功した。空母を集中配備した「機動部隊」の発案者である小澤長官最後の作戦が、その機動部隊を率いた囮作戦とは、どんな思いだったのか。まさに「義烈」そのものではないか。敵に位置を教えるべく、出撃後から盛大に電波を発しながら、作戦成功の電報が届かなかった無念……。

だから私は、そんな小澤長官がくださったこの短刀を、今も大切にしている。しかし小澤長官の思いに応えることはできず、私は悔しくて恥ずかしくて、顔向けができない。


やはり、レイテに突入すべきだった。

この短刀を見るたびに思う。

あれから70余年、今も私の心に重くのしかかっている。

＊　＊　＊

ブルネイ到着直後、私と三番砲台長・長船主基穂《おさふねすきほ》大尉、高射長・川崎勝巳《かわさきかつみ》少佐には辞令がおりた。みなレイテ反転の際、私と一緒に艦橋で参謀たちに詰め寄った戦友である。私は空母「鳳翔《ほうしょう》」の砲術長。長船三番砲台長はフィリピン陸戦隊の指揮官、川崎高射長は留任となった。

とくに、終戦まで持久戦が続くことになるフィリピン行きを命じる長船第一砲塔長への辞令には、懲罰人事が感じられる。じつは長船大尉は、私の妻が同級生だった。「大和」が呉に着いたあとすぐに別れた。

のちの消息はわからない。

フィリピンで戦死したと思えるが、当時の戦況では現地に行けたかどうか、彼のご遺族すらもわかっていなかった。

「大和」には、高角砲が24門と機銃が１００挺《ちょう》以上ある。ちょっとやそっとじゃ指揮はできない。川崎は、もう2年くらいこの任務についていたから留任となった。しかし、沖縄特攻・「大和」沈没の際、泳ぎながらみんなを助けておいて自分は帰ってこなかったという。なんで帰らなかったのか、大馬鹿者と怒鳴ってやりたい。

私も「大和」に残りたかったが、命令では仕方がない。聞けば私の退艦後、第二艦隊司令長官として伊藤整一《いとうせいいち》中将が着任されたという。私が兵学校を受験した際は口頭試問の担当者であり、入学後は生徒隊長を務めておられた、私がもっとも尊敬する方である。沖縄に向かう途中で「大和」と運命をともにされたが、私はあの方のためなら死ねると思っていた。

呉で「大和」を降りる日、

「あとで取りに来るから保管しておいてくれ」

と従兵にアルバムや軍服の入った荷物をあずけた。結局それっきり「大和」に行けないまま、「大和」は沈んだので、私の荷物も海底のどこかにあるのかもしれない。私にとって「大和」の思い出は、全力で戦ったレイテ沖海戦の3日間と、今に続く無念であった――。

第7章

終戦

空母「鳳翔」から第三航空艦隊参謀へ

「大和《やまと》」を降りた私は、別府に停泊する「鳳翔《ほうしょう》」へ砲術長として着任すべく急ぎ汽車に乗った。同艦は世界で初めて、航空母艦として計画・建造された軍艦であった。しかし実戦参加は中国戦線とミッドウェー海戦ぐらいで、この時期は飛行甲板を延長していたため、艦橋の視界と復元性が悪化してしまい、外洋には出られない状態となっていた。空母だから砲といっても数基の対空機銃があるのみ。着任は昭和19年12月17日のことだが、

「こんな閑職か……」

と正直がっかりしたものである。

一方、栗田《くりた》長官は「大和」を降りて、兵学校の校長になっていた。生徒たちの前で「あれは私だからできた戦争だ」「私は敵の主力を叩きにいった」と講義をしていたと聞くが、陸揚げされた海軍士官ほど役に立たないものはない。

世界最初の航空母艦となった「鳳翔」。砲術士官である深井氏が最後に乗艦した艦は、空母だった。大戦を生き延びた「鳳翔」は、復員船として戦後も働き続けた(写真は戦後のもの)。

私が生徒だったら
「では、その敵の主力とはなんだったのですか」
と聞いてやりたいところだが、若い者にさすがにそこまで頭はまわらないのだろう。熱心に聞いてノートをとっていたというから、なんともやりきれない気持ちだ。

私の話に戻そう。当時の「鳳翔」は、訓練がおもな任務であった。私が着任した時期は、朝に出港して豊後水道をうろうろしていると、陸軍のキ67（四式重爆撃機・飛龍のこと。台湾沖航空戦にも参加した）が訓練で雷撃してくる。それを飛行甲板で見ていて、魚雷を投下する場所と高さ、投下したあとの行動を確認して夕刻に入港、大分航空隊へ講評に行くのが私の仕事であった。

「鳳翔」は数基の25ミリ機銃を搭載していたが、訓練などはしなかった。古い小型の艦では、空襲されたらどうしようもないのだ。一度爆撃された時は損害もなかったが、それからは暇な時間ができると無人島で松の木を切ってきては、島の一部に偽装するため甲板に並べた。

そのようなことを2カ月ほどやっていると、今度は第三航空艦隊の参謀になれという。この着任が昭和20年3月25日のことだ。

「この時期に、やっと参謀になれたか……」

そう、私は海軍兵学校卒業時の「出世して参謀肩章《さんぼうけんしょう》を吊る」という夢をいちおうは叶えたことになる。もともと私が砲術を志したのは、参謀に出世したい、格好いい参謀肩章を吊りたいという、まったく誉められたものではない理由によるものであった。参謀になって一艦隊を自分の思いどおりに動かすことを考えると、とても気持ちがいい。私の命令で「大和」「武蔵《むさし》」があちらへ、「扶桑《ふそう》」「山城《やましろ》」がこちらへ、そんなことを夢みていた。もっとも、実際に戦争がはじまってからはそんなことも考えなくなってしまっていたが。

若い頃の夢というのはそんなものである。そのためには砲術科を専攻、当時の日本海軍では、幅をきかせていた「砲術閥」に入るのが、出世の早道であった。水雷や潜水艦などに進むと、なかなか参謀にはなれなかった。しかし、開戦早々に飛行機の威力を実感して、今度は、敗色濃厚な時期の参謀である。めぐりあわせの悪さに、私は嘆息するほかはなかった。

「航空艦隊」と言っても陸上を基地とする航空隊で、サイパンやレイテの戦いでは空母機動部隊のほかに陸上の第一、第二航空艦隊からも攻撃隊が飛び立って大きな損害を受けた。第三航空艦隊は、名古屋から北海道にまで展開する海軍航空隊を指揮する組織である。

その参謀となった私の任務は、帝都防空関連と本土決戦の準備であった。帝都防空といっても、サイパンを飛び立って飛来するB29の情報はいち早く入手することができたが、その頃は戦闘機も搭乗員も質量ともに不足しており、めったに撃墜できなかった。たまに撃墜できると、爆撃コースの関係上B29の乗員の多くが千葉県館山付近に落下傘で降下する。捕虜となった乗員らは司令部のある木更津に連行、「サイパンの飛行場にB29は何機あるのか」などと尋問するのだ。

私も通訳もなしに身振り手振りを交えて尋問したが、「生きて虜囚《りょしゅう》の辱《はずかし》めを受けず」と教えられた我が日本軍とは対照的に、ほがらかなものであった。捕虜になったという屈辱などはなく、話が通じるとオーケーオーケー、そんな感じの気持ちのいい捕虜だった。だから虐待など考えもしなかった。これ以上は情報を得られないと判断したら、茨

沖縄に向かう途上、米軍機の空襲を受ける戦艦「大和」。沖縄には到着できなかったものの、激しい空襲にも陣形を乱さず進撃する伊藤整一長官指揮下の第二艦隊を、米軍も激賞している。

城県の捕虜収容所に送るのである。この時の仕事がもとで、戦後に捕虜虐待容疑がかけられるがこれについては後述する。

なお本土防空は当初陸軍の管轄であったものだが、激化する空襲に海軍も防空戦闘を行うようになった。しかし仲が悪いと揶揄《やゆ》された日本陸海軍らしくお互いの連絡などはなく、個別に戦うのが実状であった。

第三航空艦隊から、硫黄島や沖縄に出撃する特攻隊を何度も見送った。

私のひとつ上のクラスの先輩が航空参謀という攻撃に関する任務をまとめる仕事をしていた。各航空部隊から残った飛行機を寄せ集めて、沖縄と硫黄島に特攻隊を送り出す任務だ。これに就いた方は、さぞ辛かったことだと思う。私も見送りに同席したが、こんなに悲しいことはなかった。20歳になるかならないかぐらいの、ようやく飛び上がれるぐらいの技量しかない若い兵が、ニコニコしながら

「参謀行ってきます」

と言うのだ。

昭和20年1月、「大和」艦上で撮影された士官室の面々。前列左から3人目のひげの人物が、深井氏とともにレイテ反転を抗議した川崎勝巳高射長。前列左から5人目は、深井氏が戦後も親交をもった津田弘明航海長。その右となりに能村次郎副長、有賀幸作艦長、前列右から4人目が深井氏の後任となる清水芳人副砲長である。

「おう、がんばれ」

と私は見送ったが、その頃すでに戦局はとうてい挽回できないとの思いがつのり、私はあとから涙があふれて仕方がなかった。

また私は、司令部のある木更津から東京の海軍省へ行く機会がたびたびあったが、3月10日の大空襲で灰燼《かいじん》に帰した東京も見ている。大正12年の関東大震災にも遭遇した私だが、

「またこうなったなぁ……」

というのが偽らざる思いだった。

震災で全滅した下町が、空襲でまたもやなくなってしまったのだ。幼い私の眼前に落ちてきた瓦や立ちのぼる煙、空を焦がすように尽きない火災。関東大震災の光景が再び脳裏をよぎり、それは終戦の際にも同じように感じられた。もう東京湾ですら制海権がない。だから、木更津の海に落下傘降下した米兵を、アメリカの潜水艦が目の前で救助していくのを手をこまねいているしかなかった時などは、正直なところ本当に悔しかった。

沖縄に向かう途上、戦艦「大和」は沈没。伊藤長官、有賀《あるが》幸作《こうさく》艦長らも艦と運命をともにした。レイテ沖海戦で深井氏とともに、反転に抗議した川崎《かわさき》高射長も還らなかった。「大和」の沈没地点から立ち上るキノコ雲の周囲に、護衛の駆逐艦の姿が見える。

一方、本土決戦準備では、九十九里浜に出向き、陸軍の参謀と打ち合わせをする。私は兵が運転するサイドカーに乗っていったが、陸軍の参謀は馬でやってきて「海軍さんはいいですねぇ」とうらやましがられた。しかし、どちらも考えが違う。海軍は敵兵が上陸する前にやっつける水際攻撃を主張していたが、陸軍は上陸させて広い場所で叩くという考えだ。私は経験から言っても、敵兵に上陸を許した時点でもう負けたようなものだと考えていた。

硫黄島の守備隊は善戦したが、それを含めて護れた島はない。制空権・制海権も握っている敵は増援も自由であるし、水際で撃破するしかない。

砲台の設置について相談しようにも、陸軍にはもはや砲はほとんどなかったので、タコツボを掘って潜み、戦車が来たら竹の棒につけた爆薬で差し違えるという。

相手は私より4、5歳上なので説得もできず、意見もまったく合わないので好きなようにすればいいやと思った私は、勝浦から大砲を運んで取りつけようと考えていた。

しかし私はすでに、日本はこの戦争に勝ち目はないと考えていた。

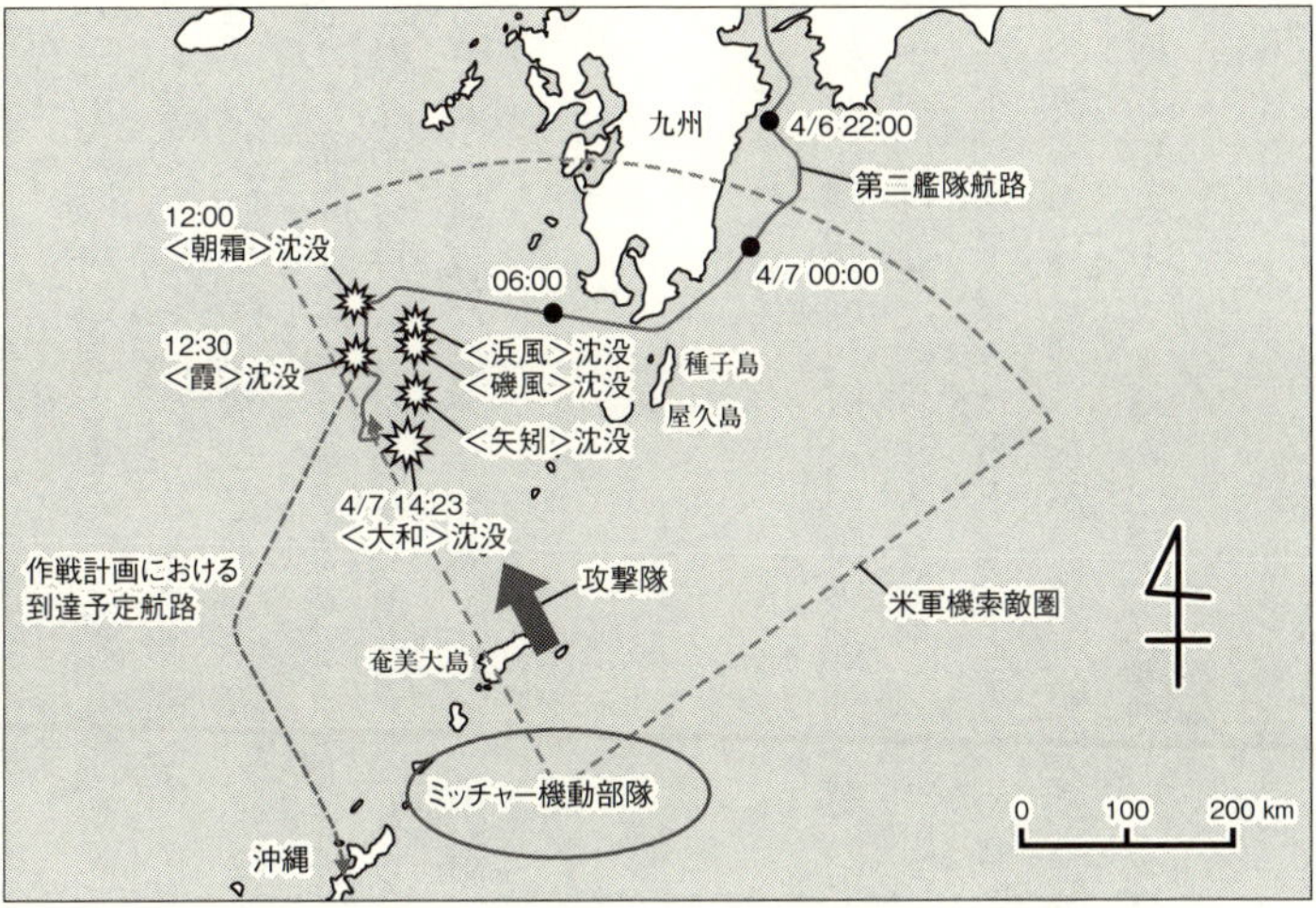

「大和」以下の第二艦隊は、沖縄に向け出撃してから間もなく米軍に発見されており、撃沈は免れない定めであった。出撃から短時間は「花月《はなづき》」ら3隻の駆逐艦が対潜警戒に同行していた。スプルーアンス提督は、当初「大和」を砲撃戦で沈めようと考えていた。米戦艦部隊の指揮官たちは沸き立ったが、諸般の状況から指揮下のミッチャー中将の機動部隊から発進した航空機が、「大和」を沈める結果となった。

そして私が九十九里浜で陸軍参謀とああだこうだと言っていた昭和20年4月7日、戦艦「大和」はわずか10隻の第二艦隊旗艦として沖縄へ向かう途上で空襲を受け、撃沈されてしまった。制空権のないまま出撃した水上特攻部隊を率いた名将こそ、最初の出会いとなる海軍兵学校の口頭試問から尊敬の念の絶えることのなかった生徒会監事の伊藤《いとう》中佐、この時は第二艦隊司令長官・伊藤整一《せいいち》中将その人であった。伊藤長官は、「一億総特攻の魁《さきがけ》となれ」という無謀な命令を莞爾《かんじ》と受けて出撃、「大和」とともに海底へ没したのであった。

大戦末期と終戦

昭和20年8月6日朝、参謀室に「広島に特殊爆弾が落ちて大被害」という電報が入った。それだけの連絡で、「特殊爆弾とはなんだろう」と首をひねった。細菌爆弾やガスのたぐいかとも思ったが、原子爆弾などとは知識もないせいで夢にも考えなかった。

やがて、8月15日の終戦の日を迎えたが、第三航空艦隊麾下《きか》にある、厚木の第三〇二航空隊が徹底抗戦を呼号しており、ほかの隊も殺気立った状態にあるという。特に厚木の小園安名《こぞのやすな》司令はベテランの戦闘機乗りでもあり、ラバウル航空隊時代は斜銃を考案、厚木の三〇二空司令となってからは海軍でも最精鋭の防空部隊と評されていた猛者《もさ》である。

そこで厚木などの飛行隊を寺岡謹平《てらおかきんぺい》第三航空艦隊司令長官が説得してまわることになり、私も同行した。飛行機が底をついており、移動のため搭乗したのは「白菊《しらぎく》」という初級用練習機である。

兵学校を出た士官はみな一通り扱える、困ったら操縦桿から手を離せばまっすぐ飛んでくれるような、操縦のやさしい飛行機であった。参謀肩章を付けた草色の夏服に身を包み、私も白菊に乗りこんだ。風防もなく、セルロイドの仕切りから顔を出すとバッと顔に風が当たる白菊で、3日はあちこちを飛びまわった。ちなみに私も搭乗員を志した時期があったものの背が高くて戦闘機は窮屈で、ふだんの飛行機移動は一式陸攻や飛行艇が多かったものだ。

厚木空に着いてみると、陸軍の航空隊基地に隠れているのか首脳部がいない。どうにか探し出して説得したが、抗戦をやめたのは、小園司令がマラリアで倒れたことも大きい。

我々第三航空艦隊参謀の6人も、今日まで未来ある青年を無駄と知りながら特攻に送りだし、その出発にあたっては、

「俺たちも必ず後から行くぞ」

と約束をしていた責任をとって、特攻隊として出撃しようと話していた。

日本はどうなってしまうのか、この頃はまだ日本が残ることが確約されていなかったのだ。もしかしたらアメリカとロシアで全部分けてしまうことだってありえるのだ。

ところが、これを寺岡長官が知って、呼び出されてしまった。

「お前たちが死んだら、戦後の日本はどうなる。誰がこの国を立て直すんだ！」

私たちは何も言えなかった。

「敗戦の責任は俺がもつ」

寺岡長官は懇々と私たちを諭《さと》した。ずいぶん長い間、説得された。これらの言葉は心に沁みた。

「そうだ、俺たちが死んだら誰がやるんだ」

そう納得した私は特攻に行くのをやめたのである。

昭和20年8月15日、日本は敗れた。呆然となる者、抗戦を叫ぶ者――深井氏も特攻出撃を決意したが、厚木航空隊など、隷下各部隊の抗戦を鎮めるため奔走。寺岡長官の説得に生きる道を選んだ。写真は米戦艦「ミズーリ」艦上での降伏文書の調印式。

だから進駐軍が日本に来ると聞かされた時は、周囲は落ち着いたものであった。私も日本という国が存続するよう、そして復興できるようにがんばろうという気持ちになっていた。

最後は奈良にある大和航空隊の残務処理を1カ月ほどやって、海軍を辞めた。

戦後を生きて

しかし私には、第三航空艦隊参謀時代に「捕虜虐待容疑あり」ということで嫌疑がかけられ、近所にMP（米軍の憲兵）が、3日に1度ぐらいのペースで現れるようになった。むろん虐待などしていないが、占領軍が決めたことは絶対である。引っ張られてはかなわないと思った私は、岡山県高梁《たかはし》にある妻の実家に身を隠した。戦友にも連絡をとらず、居所不明、消息不明のままである。

真珠湾でスパイをしていた、友人の吉川猛男《よしかわたけお》はお遍路さんになって隠れていたという。艦爆乗りとして有名な高橋定《たかはしさだむ》も同期だが、彼も乱暴におよぼうとしていた米兵を叩きのめして、昭和28年まで逃亡生活を送っていたらしい。

当時の礼服を持つ深井氏。重厚で威厳あふれるこの服は今でも大事に保管されている。深井氏の後ろに額装されているのは、乗艦されていた「大和」の写真。

昭和27年の平和条約で私の疑いも晴れたが、29年ぐらいまでは時々MPが来ていたようだ。

同期生の多くは自衛隊に入り、海将まで進んだ者もいる。

私は日本海軍の士官がアメリカに指揮されるのが嫌で、商売の道を選んだ。私の脳裏には第三航空艦隊参謀時代、

「行ってきます」

と言って還らなかった若き特攻隊員たちの姿があった。

お金を儲けて、彼らのご遺族を助けたかったのだ。しかし武士の商法で、儲けては騙され、を繰り返すうちにたいしたこともできないままになってしまった。

おわりにかえて

未来の日本へ——

「俺なんか死んでもいい」

みんなが、日本が、よくなってくれるなら、命など惜しくない。戦争中は常にそう考えていた。

極端ではあるが、つまりは「困っている人がいたら助ける」「人のために働こう」といったことの延長線上にある気持ちであると、思う。

自分だけがかわいくて、他人に無関心では、さびしい人生ではないか。

好きな話がある。

江戸時代の儒学者・貝原益軒《かいばらえきけん》の話だ。

貝原は弟子たちを、水を満たしたタライの周囲に座らせ「自分ばかり飲もうとしてタライのなかの水を掻《か》くと、水は自分の前からなくなる。相手のほうに押しやってやると自分のほうに水が返ってくる」と説いた。

人のためになることは自分のためにもなるが、自分本位だと結局は自分のためにもならない。私はこの言葉が好きだ。


戦後、私は自衛隊に参加しなかった。「武士は二君に仕えず」という言葉があるが、私の場合もまさにそれである。私が仕えていたのは日本であってアメリカではない。アメリカ軍に指揮されるなんて、まっぴらごめんだ、と思った。

もちろん、戦後の商人生活はなかなかたいへんだった。信頼し、かわいがっていた部下にお金を持ち逃げされたこともあり、そのたびに、ほとほと私には商才がないのだと実感したものである。

ただそんな時も「私には金はないが、金に困っていた者（持ち逃げした者）は助かってよかった」と思い、

「金ならまた働いて、つくればよい」

とあまり深刻に考えずに前向きに「これから」のことを考えていた。

他人のために何かをしたら、「その人のためになった」「その人がよくなった」という

こと、そのものが見返りなのだ。それだけで心が豊かになる。

人は、人のために働くべきである。そういう考え方は、「国のため」と激しい戦いのなかに身をおいた、戦争中とまったく変わっていない。


104歳になる現在まで、幾度となく数多く長命の秘訣や、1世紀も生きた感慨を聞かれることがあった。自然のなりゆきで生きてこられたというのが率直な思いだが、あえて心がけていることをあげれば、前向きで、好奇心を失わないことだろう。

私は招待された結婚式には必ず出席することにしている。結婚式は楽しい。将来ある方々を祝い、自分も楽しんで心も満たされる。反対に、葬式はまったく出ないことにしている。葬式に「先」はない。私は自分の葬式もなしで、よいと思っている。

そういえば、私は新製品が出るとすぐに買う。たとえば、腕時計型の心拍計を、ちょっとしたゲーム感覚で使っている。iPadと同期させ、統計を取りながら体調管理をしている。これを知るとみな一様に驚く。

あまりに早く買いすぎて、周囲が持つようになる頃には、私の持っているものは型落ちとなっていることが多い。これも、好奇心ゆえだろうか。

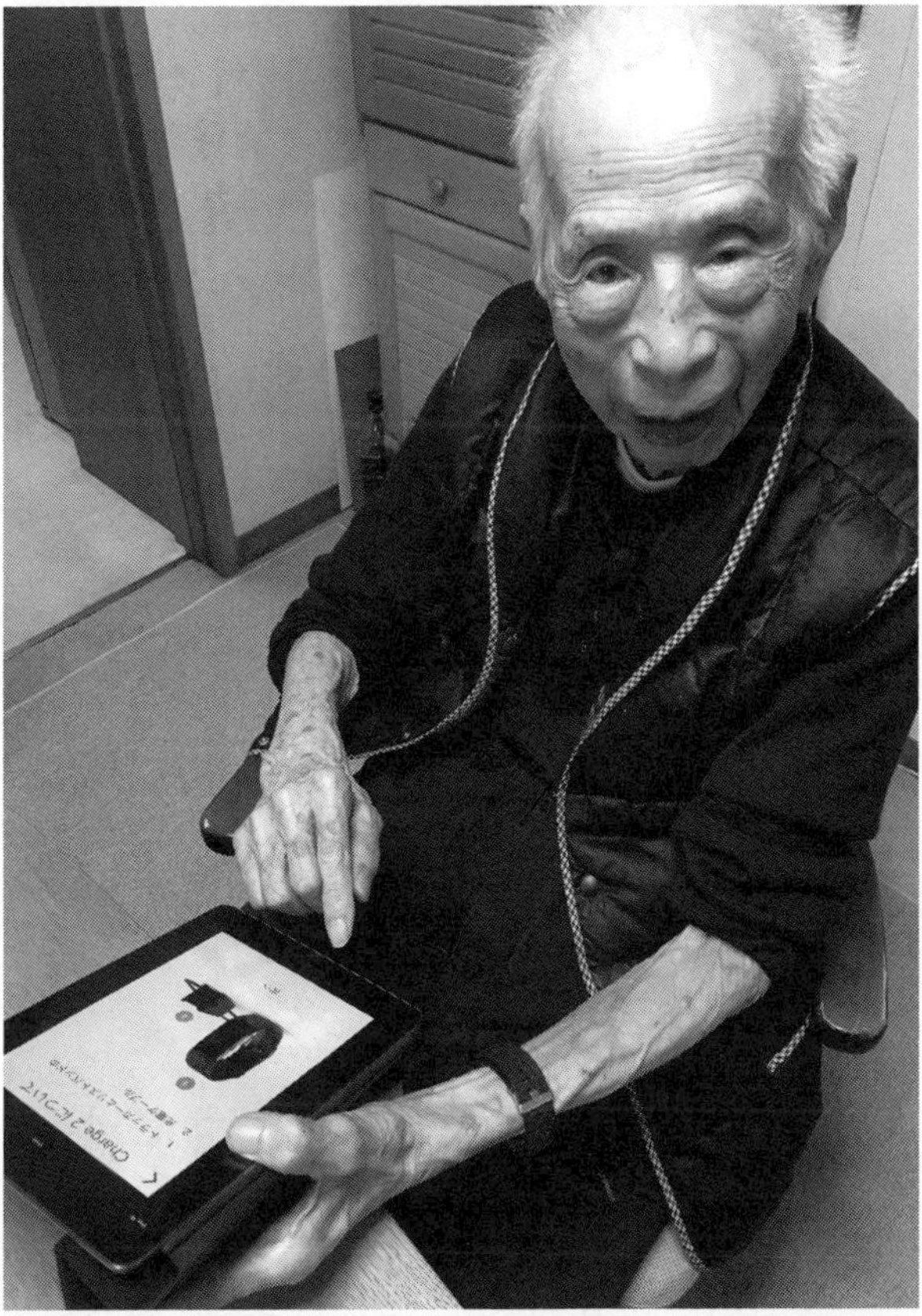

ご自身の所有するiPadとスマートウォッチを使いこなす深井氏。104歳になっても、心身ともに壮健である。

人とのおつきあいも、若々しい方と知り合えることを日々楽しく思う。むろん、年齢ではない。いくつになっても柔軟な考えや、旺盛な好奇心をお持ちの方のことだ。人間とは競争する生き物である。生き物だから競争するのは当然だし、その競争する気持ちも大事なことだ。

本書の私の証言は、軍人らしさに欠けるかもしれない。だが、レイテ沖海戦の真相を含めて、事実は事実として伝え、それを知ることが、日本がふたたび失敗しないことにもつながる。よく見つめ、日本が、昔のようにますます発展することを願ってやまない。

今の時代は大正から昭和、そしてあの戦争を経て続いているものだが、率直な思いとしては、日本人はそんな「前向き」な気持ちを忘れてしまっているようにも思う。こうしたことができない日本は、国の形を保てずに、いずれ中国やアメリカの一州となってしまうのではないか？　すでにそうした時期を迎えているのかもしれない。日本は、日本の国として独立し、みな幸福に静かにやっていけたらよい。

戦争について、104歳の今となっては、「よかった」と思えることがある。

それは「物事の大事な部分」をどう見定めるかを、文字どおり命がけで身をもって知ったことだ。私が物事の本質を理解できるようになったのは、戦争経験あってのことだろう。「大事なものに命をかける」ためには、「大事なものを見極める目」が必要である。

命をかけるものがあるということは、男として幸福なことだ。戦争は、別に苦労ではなかった。あの時代、本当に私には、生きがいがあったのだ。

もちろん戦争はよくない。多くの悲しく、憤懣やるかたない現場にも身を置いた。だが身体を張って、戦争にでも行ってみれば、得るものも多い。

それはおもしろいものだ。

商売を引退したあとは恩給と年金で今にいたるまで、ずいぶんと長い間生かしていただいた。これだけは、ささやかながら自信をもって言える。

私は、男らしく生きられた——そう思っている。

深井俊之助（ふかい・としのすけ）

大正3年生まれ、東京出身。昭和5年、海軍兵学校に61期で入校、昭和9年に62期で卒業する。砲術を専攻し、巡洋艦「八雲」、戦艦「比叡」などを乗り継ぐ。昭和14年に南支方面作戦に参加。昭和16年の開戦を駆逐艦「初雪」砲術長で迎え、マレー沖海戦、エンドウ沖海戦、バタビア沖海戦、ガダルカナル島の諸海戦に参加。昭和17年、戦艦「金剛」副砲長として、レーダー射撃の実用化に関わる。昭和18年、横須賀の海軍砲術学校を経て、昭和19年3月、戦艦「大和」副砲長として、レイテ沖海戦におけるシブヤン海、サマール沖での戦闘を経験。戦艦「大和」艦橋で、レイテ湾突入寸前での艦隊の反転を目の当たりにする。昭和20年、第三航空艦隊参謀として終戦を迎える。最終階級は海軍少佐。平成30年現在、104歳。

宝島社新書

戦艦「大和」反転の真相
海軍士官一〇四歳が語る戦争
（せんかん「やまと」はんてんのしんそう
かいぐんしかんひゃくよんさいがかたるせんそう）

2018年7月24日　第1刷発行
2023年8月21日　第3刷発行

著　者　深井俊之助
発行人　蓮見清一
発行所　株式会社　宝島社
〒102-8388 東京都千代田区一番町25番地
電話：営業　03（3234）4621
　　　編集　03（3239）0927
https://tkj.jp
印刷・製本　中央精版印刷株式会社

ISBN 978-4-8002-8494-5